ÉLOGE

DE CLAUDE-JOSEPH DORAT.

109

ÉLOGE

DE CLAUDE-JOSEPH DORAT,

SUIVI DE POÉSIES

QUI LUI SONT RELATIVES,

D'UNE

APOLOGIE DE COLARDEAU,

D'UN DIALOGUE INTITULÉ :

GILBERT ET UNE FURIE,

DE

LA VENGEANCE DE PLUTON,

OU SUITE DES MUSES RIVALES,

Ouvrage Dramatique en Vers & en Prose,

ET DE QUELQUES PIECES DÉTACHÉES.

par le Chevalier de Cubières

A LA HAYE.

Et se trouve à PARIS,

Chez { GUEFFIER, Imprimeur-Libraire, rue de la Harpe.
Et COUTURIER fils, Libraire, Quai & près l'Eglise des Grands Augustins, au Coq. }

M. DCC. LXXXI.

LETTRE
A MADAME
LA COMTESSE DE B...

MADAME,

Vous avez payé à la mémoire de M. Dorat (*) un tribut de louanges d'autant plus eſtimable qu'il vous a été inſpiré par le ſentiment de ſa perte; comment ai-je oſé après cela analyſer froidement ce que votre

(*) Voyez l'*Épître à l'Ombre d'un Ami*, imprimée à la ſuite de cet Éloge & traduite en vers Italiens.

cœur avoit ſi bien apprécié ; comment ai-je oſé faire l'éloge d'un homme ſur la mort duquel vous aviez pour ainſi dire compoſé un hymne, & mêler la ſéchereſſe de mes jugemens à l'éloquence de votre douleur ? Vous l'avez voulu, Madame ; vous avez paru deſirer que je vous fiſſe connoître ma maniere de penſer ſur les Ouvrages d'un homme auquel vous croyez que ſon ſiecle n'a pas aſſez rendu juſtice : vos moindres deſirs ſont pour moi des loix ſacrées, & je vous ai obéi ſans que vous m'euſſiez rien ordonné.

Ne vous étonnez point de cet empire inconnu que vous avez toujours eu ſur moi ; il eſt l'effet naturel de l'admiration que j'ai pour vos talens & de la vénération que m'inſpirent vos vertus. Où trouver une ame auſſi douce & auſſi bienfaiſante que la vôtre? Où trouver cette égalité de caractere qui n'appartient qu'à vous, & qui rend votre ſociété auſſi sûre qu'agréable? Où trouver autant d'imagination & de ſenſibilité que vous en avez mis dans les Lettres ſublimes de *Stéphanie* & dans l'*Aveugle par amour*; autant de graces & de légéreté qu'il y en a dans l'*Abailard ſuppoſé*; autant de fineſſe qu'on en découvre dans vos Poéſies fugitives? Où trouver..... Mais où m'entraîne un enthouſiaſme qui ne paroîtra injuſte & déplacé qu'à vous ſeule?

Pardon, Madame, j'oubliois que la modeſtie eſt de toutes vos qualités celle qu'on apperçoit le plutôt en vous, & qu'elle m'impoſoit la loi de me taire ſur les autres : cette habitude que j'ai de louer ne doit point vous ſurprendre, c'eſt ſur-tout depuis que je vous connois que je l'ai contractée.

Je deſire que l'Éloge que je vous envoye vous plaiſe davantage que celui que j'allois faire de vous-même : je vous le livre avec tous ſes défauts ; que n'eſt-il plus digne de celle à qui je l'offre & de celui que j'y célébre ! La forme de cet Ouvrage n'étant ni oratoire ni académique, j'aurois dû peut-être l'intituler *Mé-*

moires ou *Réfléxions ſur la vie & ſur les Ouvrages de M. Dorat ;* mais ce titre vous a plu moins que l'autre : c'étoit aſſez pour le rejetter. Il ne faut jamais prier les Graces de rendre compte de leur ſentiment, même dans les plus petites choſes, elles ne peuvent ſe tromper ; & le moyen de réuſſir toujours eſt d'être toujours de leur avis. Je ſuis bien fier que vous ayez été du mien ſur un article. Quoique j'aye travaillé ſeul à cet Éloge de M. Dorat, j'ai parlé au pluriel & non au ſingulier. En diſant *je* dans ces ſortes d'Ouvrages, on a l'air de s'aſſimiler quelquefois à la perſonne qu'on loue : le *nous* vous a paru plus modeſte ainſi qu'à moi ; &

je ne ſaurois l'être trop, ſur-tout dans cette occaſion : je vais juger des talens que je ne devois qu'admirer.

Je ſuis avec reſpect,

MADAME,

Votre très-humble & très-obéiſſant ſerviteur,
Le Chevalier de ***.

ÉLOGE
DE
C. J. DORAT.

Au commencement de la guerre du Péloponese, plusieurs Athéniens furent tués à la bataille de Samos. Le personnage le plus illustre de la ville, si l'on en croit Thucidide, monta dans la Tribune aux Harangues; & après avoir versé sur les corps de ses concitoyens le tribut passager de ses larmes, il répandit sur leur mémoire les fleurs plus durables de l'éloquence : ce personnage étoit Périclès. Il est le premier chez les anciens qui ait fait une Oraison Funebre. Il étoit si éloquent que lorsqu'il lui arrivoit d'être vaincu dans une lutte, il se relevoit fiérement, & conservant toujours la contenance la plus assurée, il prouvoit aux spectateurs qu'on ne l'avoit point terrassé. Entraînés par la force de ses discours, plusieurs s'en rapportoient plutôt à ce qu'ils entendoient qu'à ce qu'ils avoient vû. Nous ignorons si en louant les Athéniens, Périclès employa le talent qu'il possédoit si éminemment de persuader le contraire de ce qui étoit; tout nous porte à le croire. Avons-nous le même droit que Périclès? Eh! qui pourroit en douter? Il louoit des hommes qui en mourant pour la Patrie ne firent que leur devoir, & nous allons louer un homme qui sans cesser de faire le sien auroit pu se dispenser de devenir célébre. Les Athéniens tués à la bataille de Samos n'étoient que les concitoyens de Périclès, & M. Dorat étoit notre ami. Toutefois l'exemple de Périclès ne sera point une regle pour nous: en louant les Athéniens il est vraisemblable qu'il leur attribua des vertus qu'ils n'avoient point, qu'il célébra peut-être des exploits qu'ils n'avoient point tentés, & qu'il fit passer pour un Achille tel d'entre eux qui n'étoit qu'un Therſite ; en rendant compte des ouvrages de M. Dorat, nous pourrions, au moment d'une chûte, nous pourrions, comme Périclès, crier que nous ſommes encore debout ; nous pourrions d'un homme faire un dieu, faire un des premiers Poëtes d'un Poëte eſtimable, & d'un Auteur ingénieux, un homme de génie : perſonne n'oſeroit nous en blâmer. Mais pluſieurs raiſons nous empêchent de ſuivre cette marche. D'abord nous n'avons point, à beaucoup près, l'éloquence de Périclès; & quoique les habitans de Paris reſſemblent aſſez à ceux d'Athènes, nous doutons qu'ils vouluſſent s'en rapporter à nos paroles plutôt qu'à leurs yeux : nous craindrions qu'en cherchant à leur faire voir dans les ouvrages de M. Dorat des beautés qui n'y ſont pas, ils ne refuſaſſent de voir celles qui y ſont en effet. Enſuite nous croyons que les Éloges outrés déshonorent celui qui les reçoit & celui qui les donne : notre gloire nous eſt auſſi chere que celle de notre ami ; & la ſienne, & la nôtre ne nous impoſent qu'une loi que nous ſuivrons, celle d'être juſtes. Il eſt permis peut-être de taire la vérité; le Théologien, l'Orateur du Barreau, l'homme enfin qui parle en public, a peut-être le droit de la cacher; l'homme qui parle au public n'a point celui de ne point la dire.

Nous parlerons peu de ce qui fait tout le mérite de M. Dorat aux yeux de certaines gens, de ſa naiſſance. Elle étoit très-diſtinguée; il avoit plus de trois cens ans de Nobleſſe; c'eſt ce qu'il nous a dit ſeulement lorſque nous le lui avons demandé; c'eſt ce qu'on peut voir dans les titres de ſa Famille, où ſans doute les preuves en ſont conſignées; c'eſt ce que nous aurions cherché à prouver peut-être, ſi M. Dorat n'avoit pas eu d'autre illuſtration; mais nous faiſons l'hiſtoire de ſa vie privée & littéraire, & non ſa généalogie. Nous dirons ſeulement qu'il naquit à Paris le 31 Décembre 1734, & qu'il fut baptiſé le même jour à la paroiſſe S. Sulpice: nous ajouterons, que la Famille de M. Dorat eſt originaire du Limouſin; que les ancêtres de notre Auteur ont occupé depuis François I. des places très-honorables dans la Robe ; que l'on compte parmi eux, plusieurs Conseillers au Parlement, & quelques Maîtres des Comptes. On a dit dans le Journal Encyclopédique & dans le Mercure, que notre Auteur descendoit du fameux Jean Dorat, Professeur au College (*) Royal, on s'est trompé; il nous a dit encore bien des fois que cela n'étoit point; personne à cet égard n'étoit plus croyable que lui-même. Il n'a rien eu de commun avec ce Jean Dorat, pas même le talent; & nous serions bien fâchés qu'il eut partagé avec lui la gloire d'avoir inventé l'Anagramme. Nous ne dirons pas non plus qu'il fit ses études avec succès, qu'il remporta quelques prix à l'Université : Hercule, comme on sait, annonça dans les jeux de son enfance ce qu'il devoit être un jour ; cette ressemblance n'est point la seule qui se trouve entre Hercule & les gens de lettres, il est bien peu de ces derniers qui comme l'autre n'ayent eu leur Euristhée.

Le premier ouvrage de M. Dorat fut une Ode sur le Malheur. C'est la divinité

(*) On l'a répété dans le Nécrologe.

que tous les gens de lettres devroient invoquer en entrant dans la carriére, puiſque c'eſt ſouvent la ſeule qui préſide à leurs travaux.

> Je lis les noms des Poëtes fameux,
> Où ſont les noms des Poëtes heureux?

C'eſt Greſſet qui a dit ces mots, & M. Dorat les auroit dits ſans doute avec plus de raiſon. Une Epître à la Princeſſe de Robeck, & d'autres piéces fugitives ſuivirent l'Ode ſur le Malheur. Ces jolis riens occupérent les cercles & y produiſirent un effet bien différent de celui que l'Auteur en attendoit. Il eſt dans la ſociété une foule d'oiſifs titrés qui, dignes de ces tems de barbarie où les nobles ne ſavoient pas lire & auroient rougi de le ſavoir, s'imaginent que les talens de l'eſprit déshonorent celui qui les cultive. Ces perſonnages, auſſi ridicules que vains, oublient que l'homme de génie eſt autant au-deſſus d'un Roi qu'ils ſont eux-mêmes au-deſſous de ce dernier; que Voltaire & eux ſont dans l'ordre moral, comme le fini & l'infini dans l'ordre Métaphyſique : ils ne ſavent pas que le ſage feroit bien de les hair s'il n'étoit pas plus juſte de les mépriſer, & s'ils n'excitoient pas plus de pitié que de colere.

Depuis que nous cultivons les lettres & que nous nous honorons de les cultiver, ces Meſſieurs nous ont fait entendre que nos occupations nous faiſoient le plus grand tort dans ce qu'ils appellent la bonne compagnie; qu'il n'étoit pas décent qu'un homme bien né fut ce qu'ils appellent un Auteur: dénomination à laquelle ils attachent un ſens auſſi faux qu'à la premiere. Leurs repréſentations ne nous ont point corrigés. Dès-lors ils nous ont regardé comme un être nul, perdu pour la ſociété, & rayé du nombre des vivans. Tout cela n'eſt que burleſque; voici ce qui eſt vraiment criminel. Déſeſpérant de nous convertir, ils ont cherché à nous nuire. Pour la premiere fois nous avons vu que l'orgueil produiſoit des Fanatiques ainſi que la Religion; que la ſottiſe avoit ſes enthouſiaſtes comme la vérité; & nous nous ſommes trouvés dans une criſe ſi inattendue & ſi ſinguliere, qu'avec moins de fermeté & de courage nous aurions regardé ſans doute comme un vrai malheur d'être nés ce que nous ſommes.

M. Dorat fut, ainſi que nous, expoſé à cette biſarre perſécution. Certains importans, qui n'avoient pas même le mérite d'avoir lu ſes vers, mais qui ſavoient qu'il en faiſoit, oublierent que pour la naiſſance il étoit leur égal, que peut-être il valoit mieux qu'eux, & le reçurent avec des airs de protection dont il fut indigné, dont même il ſe plaignit pluſieurs fois, entr'autres dans le diſcours qui eſt en tête des *Fantaiſies*. Il perdit ſon pere étant encore aſſez jeune : il lui reſtoit une tante qui le chériſſoit tendrement, mais qui étoit Janſeniſte ; ce qui annonce qu'avec les préjugés du monde où elle vivoit, elle avoit encore ceux de ſa ſecte. Elle contraria ſon neveu autant que ſi elle ne l'eut point aimé ; mais comme les parens ſont un peu plus faciles à déſarmer que les ſots, le jeune homme ſans doute lui fit entendre raiſon ſur l'article de la Poéſie ; il n'y eut qu'un point ſur lequel elle fut inexorable. M. Dorat ſervoit dans les Mousquetaires, cette tante le retira du corps malgré lui; & voici comme lui-même raconte la chose.

....Passons vite... Ciel! que j'en veux
A ma Janseniste de Tante!
Emporté par mes premiers vœux,
Je méditois un vol heureux
Vers une gloire plus brillante:
Loin de me voir ensorcelé
Par un talent toujours funeste,
Que n'ai-je encor la soubreveste
Et le coursier gris-pommelé!
Héros, que Venus favorise
Et dont elle aime la valeur,
Parmi vous regnent la franchise,
La loyauté, la bonne humeur.
L'amitié, l'amour & l'honneur,
Du corps, je crois, sont la devise.
Ma vieille Tante s'en moqua.
Après mainte & mainte neuvaine,
De par Quesnel on me damna
Comme Escobar & Molina,
Et, qui pis est, l'on m'ennuya.
Je me dépitois dans ma chaîne;
Je n'y tins point... Avec regrets
Je quittai l'école guerriere:
Adieu mes belliqueux projets,

Adieu la palme militaire
Et mes combats & mes ſuccès.
Force inviſible ! O providence !
Quels ſont tes décrêts abſolus !
Peut-être ſans Janſénius
J'euſſe été Maréchal de France.

Il y avoit alors à Paris un jeune homme d'une ſenſibilité d'autant plus vive que ſa complexion ſembloit plus délicate, ce jeune homme étoit Colardeau : il fut depuis l'intime ami de M. Dorat, & M. Dorat fut digne d'être le ſien. Ces deux Ecrivains, comme on ſait, avoient beaucoup de reſſemblances reſpectives avec Ovide & Tibulle : Dorat tenoit beaucoup du premier, & Colardeau imitoit le ſecond.

Leur amitié n'eſt point ce qui a mis le dernier trait à ces reſſemblances. Colardeau mourut avant Dorat, (*) comme

(*) Une reſſemblance plus frappante eſt celle du Poëte Gallus avec feu M. de Pézay. D'un peu bas, comme Gallus, M. de Pézay eſt parvenu aux grades militaires; comme Gallus il a compoſé des Poéſies tendres & galantes; ambitieux & ſenſible comme Gallus, il eſt mort de chagrin, dit-on, d'avoir perdu les faveurs de la Cour: ajoutez ſi vous

Tibulle

Tibulle étoit mort avant Ovide ; & Dorat composa une Élégie intéressante sur la mort de Colardeau, comme Ovide en avoit fait une sur celle de Tibulle. Colardeau, comme Tibulle, avoit le sentiment le plus exquis de l'harmonie ; plus de goût peut-être que d'imagination ; la touche la plus moëlleuse, la plus suave ; une mélancolie douce & la sensibilité la plus touchante. Lassé de poursuivre la représentation de sa Tragédie d'Astarbé, il donna une imitation de la belle letre d'Héloïse à Abailard par Pope. Cette imitation eut le plus grand succès, & ce succès tourna la tête à tous les jeunes Poëtes ; comme aucun d'eux n'avoit le talent de Colardeau, aucun ne réussit autant que lui. M. Dorat fut entraîné comme les autres, mais il se distingua de la foule. Dorat, comme Ovide, avoit le coloris le plus brillant ; plus d'imagination peut-être

---

voulez à ces ressemblances que M. de Pézay a traduit les Poésies de ce même Gallus qui étoit l'ami de l'Ovide & du Tibulle des Latins, & que ce même M. de Pézay étoit fort lié avec l'Ovide & le Tibulle François.

que de goût; plus d'esprit que de sentiment: la faculté d'exprimer presque toujours sa pensée par une image, & la facilité la plus heureuse. Sa lettre de *Bernewelt à Truman*, eut quatre éditions en peu de tems. Il y a de très-beaux vers dans cette Héroïde; des Tableaux terribles, rendus avec énergie: l'Auteur a rempli le but qu'il devoit se proposer en traitant ce sujet. Après avoir lu son Ouvrage, on hait, on méprise Fanni, & l'on plaint Barnewelt. Un des beaux endroits est celui où Fanni employe un moyen victorieux quelquefois, lorsqu'une femme veut faire commettre un crime à son amant: nous allons le citer.

» .... O cher Truman! peins-toi ton malheureux
» ami,
» Foudroyé par ces mots, respirant à demi;
» Cherchant en vain sa voix, dans les sanglots
» mourante;
» Renversé dans les bras de sa cruelle amante
» Qui joignoit la tendresse à ces instans d'horreur,
» Et les feux de l'amour à ceux de la fureur.....
» Peins-toi, si tu le peux, cette effrayante scène;
» Ce trouble, ces transports d'une femme inhu-
» maine:

» Ce lit, ce lit fatal d'une lampe éclairé,
» Et ce double poignard par Fanni préparé !
» Que te dirai-je enfin ? Attendri par ſes larmes,
» Echauffé par ſa rage, entraîné par ſes charmes,
» Ses menaces, ſes cris... je promis tout...
» ah ! Dieux !
» Fanni dans ces momens me force d'être heureux;
» Avant de l'égorger enyvre ſa victime;
» Et ſon dernier baiſer eſt le ſignal du crime. »

Voilà de ces traits qu'il eſt impoſſible à un Auteur dramatique de tranſporter ſur la ſcène, & qui, par le mélange du crime & de la volupté, font toujours de l'effet dans un autre Ouvrage. MM. de la Harpe & Blin-de-Saint-More, ont traité le même ſujet que M. Dorat, mais d'une autre maniere. Ils en ont fait chacun une Tragédie, & dans toutes deux il y a le même intérêt, mais non les mêmes beautés.

Encouragé par ce ſuccès M. Dorat donna d'autres Héroïdes qui toutes en eurent, plus ou moins ſelon que les ſujets en furent bien ou mal choiſis. Il avoit déjà fait répondre Abailard à Héloïſe, comme Abailard auroit répondu lui-même. Mais quelle différence entre la ſituation de ces deux amans ! Héloïſe en écrivant étoit encore une femme, & en répondant Abailard n'étoit plus un homme. Suppoſé qu'il eut encore mérité ce nom, une amante qui ſe plaint, & une amante comme Héloïſe eſt toujours bien plus intéreſſante que ſon amant, quelque malheur qui lui ſoit arrivé. L'Héroïde de M. Dorat eſt bien écrite ; il l'a ſouvent préſentée au public avec des changemens heureux, mais elle vint trop tard ; Héloïſe avoit enlevé tous les ſuffrages ; & pour cette fois ſeulement Tibulle l'emporta avec raiſon ſur Ovide.

M. Dorat fut plus heureux en faiſant écrire Valcour & Zeïla. C'eſt dans le Spectateur qu'il avoit puiſé le ſujet de leurs lettres. La même avanture d'Inkle & Yarico a fourni à M. de Chamfort l'idée de la *Jeune Indienne*. La piece de ce dernier eſt reſtée au Théâtre, & le méritoit. On lira toujours avec plaiſir les trois lettres de M. Dorat. Elles ſont écrites avec ſenſibilité, avec élégance ; & dans la derniere, c'eſt-à-dire dans celle que Valcour écrit à ſon pere, il y a des tableaux qui feroient de l'effet au Théâtre, quoiqu'ils ne reſſemblent point à ceux de la *Jeune Indienne*.

Les autres Héroïdes de M. Dorat ont toutes à-peu-près le même mérite du côté du ſtyle, quoique le ſujet de toutes ne ſoit pas également heureux. Voici le jugement qu'il porte lui-même de ces productions de ſa jeuneſſe. « Je les avois publiées avec » cette précipitation que la jeuneſſe met à » tout. C'eſt la ſaiſon de l'yvreſſe, de l'im- » prudence & des fautes ; c'eſt alors qu'on » préfere les écarts brillans de l'imagination, » à l'expreſſion ſimple d'un cœur profonde- » ment ému ; c'eſt alors qu'on ſacrifie, à la » recherche de quelques vers éblouiſſans, » cette liaiſon inſenſible d'idées, cet accord » de toutes les parties, cette chaleur réſul- » tant de l'enſemble ; enfin cette continuité » d'un ſtyle pur & vrai qui met le lecteur » dans l'illuſion & fait diſparoître l'effort de » l'Écrivain. » C'eſt à la tête des *Victimes de l'Amour* ou *Lettres de quelques amans célé-*

bres qu'il parle ainſi de ſes Héroïdes, & dans cette derniere édition il a corrigé une partie des fautes dont il s'accuſe.

Quelques gens de lettres ont prétendu que le genre de l'Héroïde n'étoit pas naturel, & qu'il falloit ſeulement le tolérer; d'autres que c'étoit une plaie réelle qui affligeoit la littérature, & qu'il falloit le proſcrire: nous prendrons un milieu entre ces deux excès. Le Préſident Nicole, dont l'avis étoit de quelque poids, regardoit les Héroïdes d'Ovide comme le plus bel ouvrage de ce Poëte. Cette admiration étoit exagérée; mais il eſt très-peu de ſavans qui n'en ayent fait le plus grand cas. Elles ont été traduites en France par Saint-Gelais, le Cardinal Duperron, Deſportes, Meziriac, Lingendes, Hédelin, &c. &c... & l'on n'admire point, & l'on ne traduit point les ouvrages qui ſont une plaie pour la littérature. Pourquoi d'ailleurs ce genre ne ſeroit-il pas naturel? Il nous ſemble qu'il l'eſt plus que tous les autres. Lorſqu'un amant eſt loin de ſa maîtreſſe, un époux de ſon épouſe, un fils de ſa mere, quelle eſt la premiere idée qui doit venir aux uns & aux autres? C'eſt ſans doute de s'écrire mutuellement. Ce genre a ſa ſource dans le beſoin impérieux que nous éprouvons tous de communiquer nos idées & nos ſentimens aux êtres dignes de les partager. Ce beſoin eſt de tous les tems & de tous les lieux. Les Héroïdes ne ſont donc pas un genre qu'il ne faille que tolérer ou qu'il faille proſcrire; c'eſt comme tous les autres, un genre dont il ne faut point abuſer; c'eſt un genre ſur-tout où il faut ſavoir s'arrêter. Et ne pourroit-on pas dire à preſque tous nos Auteurs d'Héroïdes, ce que M. de Voltaire écrivoit à M. Blin-de-Saint-More, au ſujet de *Gabrielle d'Eſtrées*?

» Pour Gabrielle en ſon apoplexie,
» Aucuns diront qu'elle parle long-tems.»

Qu'on ne croye pas que M. Dorat ne fut jamais occupé que d'une ſorte de travail: ſon activité ne lui permettoit pas de s'attacher profondément à un ſeul ouvrage. L'excès de ſes forces peut-être l'obligeoit à les diſperſer. Chaque jolie femme qui frappoit ſes yeux, chaque événement ſingulier, chaque homme remarquable par ſes talens ou par ſes vertus qui apparoiſſoit ſur la ſcène du monde ; la nouvelle du jour, l'hiſtoire de la veille, excitoient ſa verve tour à tour. Il entremêloit ſans ceſſe les myrthes & les cyprès, les lauriers & les roſes ; il compoſoit en même-tems des Tragédies & des Madrigaux, un Poëme didactique & des Contes. En même-tems qu'il faiſoit écrire en longs vers alexandrins Barnewelt, Comminges, Abailard, &c., il écrivoit lui-même en petits vers à Voltaire, Helvetius, Hume, &c. ; & ſur-tout à ſa maîtreſſe ou à celle qui devoit l'être. De-là naquirent *Les Fantaiſies*. Mais ce n'eſt pas encore le moment de parler de cet ouvrage. Comme M. Dorat a fait toute ſa vie des Poéſies fugitives, & que ſes dernieres ne ſont pas les moins jolies, c'eſt pour la fin de cet Éloge que nous en réſervons l'examen : nous allons paſſer aux Contes & aux Fables. Nous plaçons au nombre des premiers *l'Iſle Merveilleuſe*, *les Tourterelles de Zelmis*, *Selim & Selima*, que M. Dorat a quelquefois intitulés Poëmes & qui ne ſont, à ce qu'il nous ſemble, que des Contes, d'une plus longue étendue ou plus développés que ceux de la Fontaine.

Quand ces différentes productions & ſes Fables parurent, on lui cita, comme on avoit déjà fait à Richer, à la Motte, à Grécourt, à Vergier, à Sénecé & à mille autres, l'éternel modele dans les deux genres, l'admirable, le divin, & ſur-tout *l'inimitable* la Fontaine. On crut qu'il avoit voulu *l'imiter*; & d'après cela bien des gens le condamnerent ſans l'avoir lu. On ne le jugea point, on le proſcrivit: méthode ordinaire du fanatiſme de littérature, & de tous les fanatiſmes. On oublia qu'il n'avoit jamais eu l'intention d'égaler ſon modele; on oublia ces vers modeſtes qu'il avoit mis à la tête de ſes Contes dans une invocation à la Fontaine:

» Comme toi j'ai bien du loiſir,
» Comme toi j'aime le plaiſir;
» Et là finit la reſſemblance.
» Prête-moi tes moindres pinceaux;

» Que de loin je ſuive tes traces :
» Je n'aſpire point à tes graces,
» Trop heureux d'avoir tes défauts. »

On oublia que chaque genre a ſes loix générales auxquelles il faut s'aſſervir, & chaque Auteur ſes graces particulieres qu'il ne faut point rejetter; qu'ainſi il n'eſt point de ſujet qu'on ne puiſſe traiter de pluſieurs manieres, toutes également eſtimables. On oublia que cette intolérance en littérature eſt meurtriere & deſtructive; que cette admiration excluſive pour un homme qui a excellé dans un art quelconque empêche un autre homme d'y exceller à ſon tour; que s'il falloit briſer toutes les ſtatues de Jupiter qu'on a faites depuis Phidias, on briſeroit bien des chef-d'œuvres; que s'il falloit brûler toutes les Tragédies parce que toutes ne reſſemblent pas à la plus belle de Racine, on brûleroit bien de bonnes Tragédies. On oublia enfin qu'on étoit injuſte, terme où conduiſent toujours l'intolérance & la paſſion. Quant à nous, dont l'ame a toujours été fermée à l'une & à l'autre, quant à nous qui avons lu & jugé de ſang froid les Contes de M. Dorat, voici ce que nous avons vu, & ce que tout le monde auroit pu voir comme nous. Il nous a ſemblé qu'au deſſous de la Fontaine il étoit pluſieurs places honorables, & que M. Dorat occupoit une des premieres. Il nous a ſemblé que le conte d'*Alphonſe*, étoit un petit chef-d'œuvre; non dans le genre de la Fontaine, mais dans celui de M. Dorat: cet ouvrage eſt plein de volupté, de fineſſe, de graces dans les détails, de ſituations plaiſantes, & même comiques. Celui de *Combabus* nous a fait auſſi grand plaiſir. C'eſt un ouvrage de Chaulieu, en proſe & en vers, intitulé *la Perfection d'Amour*, qui a fourni à M. Dorat l'idée de *l'Iſle Merveilleuſe* ou *Irſa & Marſis*. L'ouvrage de Chaulieu eſt charmant; M. Dorat n'a pas embelli ce fonds comme beaucoup d'autres, parce qu'il n'eſt gueres poſſible d'embellir Chaulieu; mais il nous ſemble qu'il l'a enrichi de tous les atours de la Poéſie & même de l'imagination. L'épiſode de l'Amour qui va consulter le Destin dans son Temple, la description de ce Temple ne sont pas dans l'ouvrage de Chaulieu ; & il nous a semblé qu'ils produisoient un effet très-agréable dans celui de M. Dorat. Ces Contes de M. Dorat & quelques autres, tels que *les Dévirgineurs*, *les Cerises*, &c. ont paru trop libres. Ils le sont en effet. Mais il nous a semblé qu'il y avoit de la différence entre être libre & être obscène. M. Dorat a dit quelque part *que l'obscénité ne devoit jamais souiller la plume d'un galant homme* : jamais il ne s'est écarté de ce principe. Il nous a semblé qu'on ne pouvoit pas en dire autant de tous les Conteurs. Enfin, quoiqu'il n'y ait aucune ressemblance entre la Fontaine & Dorat, ne pourroit-on pas toutefois risquer le paralelle suivant. La Muse de la Fontaine, (nous parlons de ses Contes) est toujours belle de sa nudité ; celle de M. Dorat est embellie par sa parure : celle-là se couronne sans prétention des fleurs qu'elle rencontre sous ses pas ; celle-ci des Diamans qu'elle trouve toujours sous sa main : l'une est une nymphe de Village; l'autre une coquette de Cour. Quel a été d'ailleurs le but de M. Dorat en faisant des Contes? Il nous l'apprend lui-même dans des réflexions sur ce genre de littérature. » C'est chez le peu-» ple, (dit-il,) que la Fontaine a pris les prin-» cipaux traits de ses tableaux; il a peint, si » l'on peut le dire, la nature Bourgeoise. Ce » qu'on appelle la bonne Compagnie est, » comme les autres ordres de citoyens, » fertile en intrigues amoureuses, en avan-» tures plaisantes, en caractères dignes du » Conte. Pourquoi nos Marquis, nos Barons » & tous nos Élégans titrés, ne remplace-» roient-ils pas les paysans, les valets & les » muletiers, personnages si distingués dans » la Fontaine? Pourquoi à la place de Ca-» taut, de Perette & de Madelon, ne pein-» droit-on pas nos jolies Femmes »? Voilà donc les personnages que M. Dorat a voulu peindre, *des Barons*, *des Marquis*, *des Élégans titrés*. Nous ne l'en blâmons point: toutefois nous ferons une observation qui paroît ici trouver sa place.

Des muletiers, des servantes de cabaret, des moines, ne ſont pas trop bonne compagnie, il eſt vrai; mais tous ces gens-là ſont des hommes; tous ont leur allure, leurs paſſions, leur caractère. Croire qu'il ne ſont pas dignes d'être peints, c'eſt reſſerrer la ſphère d'un art; c'eſt donner des entraves au génie & des chaînes à ſoi-même. Il nous ſemble que le Poëte Philoſophe ne trouve qu'une choſe indigne de ſes pinceaux, le vice; & que ſi quelquefois il lui arrive de le peindre ce n'eſt que pour le faire hair. M. Dorat a ſuivi pour ſes piéces de théâtre les mêmes principes que pour ſes Contes: il n'a gueres mis ſur la ſcène que *des Barons, des Marquis, des Élégans titrés*. D'après cela il nous ſemble qu'il eſt à la Fontaine pour le Conte, ce qu'il eſt à Moliére pour la Comédie; & il nous ſemble encore que cette double aſſertion n'a pas beſoin d'être prouvée.

Quant aux Fables, ſi l'on condamna M. Dorat parce qu'on crut qu'il avoit voulu imiter la Fontaine, on eut encore moins de raiſon que pour ſes Contes. Voici quelle fut ſon intention, il nous l'apprend lui-même dans sa préface. » La » Fable, (dit-il,) est une Bergere qui cueille » en rêvant les fleurs qu'elle rencontre, & » qui ne songe pas même à s'en parer. Je » fais ma Satyre, mais n'importe. J'ai peut-» être envisagé l'Apologue sous un point de » vue qui ne demande pas tout-à-fait les » mêmes dispositions. Nous vivons dans un » siecle où tous les ridicules ont leur sauve-» garde, & presque tous les vices de puis-» santes autorités. Chaque Société particu-» liere est infectée de prétentions qu'on ne » peut choquer sans craindre un souleve-» ment : la Satyre déclarée produiroit cet » effet. Dans la corruption générale le Phi-» losophe le plus courageux doit respecter » les bienséances qui la masquent ; voilà ce » que fait la Fable ; elle est, selon moi, la » Satyre mitigée. »

Les prétentions de chaque Société ; les vices, les ridicules du siecle, voilà ce qu'il a voulu peindre ; il regardoit la Fable comme une Satyre mitigée. On pourroit conclure de-là que la Fontaine a écrit pour toutes les nations, & que M. Dorat n'a écrit que pour la ſienne. C'eſt ſur-tout les ridicules littéraires qu'il a voulu déſigner. *L'Autruche*, *l'Audience des Oiſeaux*, *le Sylphe & le Pygmée*, *les Oiſeaux de proie* en ſont la preuve. D'autres, telles que *l'Aiglonne & les Paons*, *les Voyages de Jupiter*, lui ont été ſuggérées par les circonſtances. Quoiqu'il en ſoit cette production ne peut que faire honneur à ſon eſprit, & ajouter un fleuron de plus à ſa couronne. Nous avons compté ſoixante-dix Fabuliſtes depuis la Fontaine, ſans ceux que nous ne connoiſſons pas : tous reſſemblent plus ou moins au bon-homme. Si M. Dorat a un mérite, c'eſt de ne pas lui reſſembler du tout. Le caractere diſtinctif de la Fontaine eſt la naïveté ; celui de Dorat eſt une gaîté fine, & quelquefois maligne : chez la Fontaine on rit de ſurpriſe, & ſans trop ſavoir pourquoi : chez l'autre on rit de malice, & on le ſait. Le coloris de Dorat eſt en général plus brillant, plus riche de poéſie que celui de la Mothe, de Richer, de Peſſelier, &c. &c. Si ces derniers ont des avantages

tages qui ne ſe trouvent pas chez-lui, ne peut-on pas dire qu'il a celui de s'être ouvert une route nouvelle. Quoiqu'il ne reſſemble pas toujours à la Fontaine, il ne faut pas croire qu'il n'ait jamais des traits naifs; les vers ſuivans prouvent le contraire :

> . . . . Dieu plein de bonté!
> A qui les pigeons obéiſſent,

dit une Colombe en cherchant à conſoler ſes petits. *A qui les pigeons obéiſſent* eſt du genre de la Fontaine. Dans le *Renard* & les *jeunes Lapins*, un de ceux-ci, en voyant l'air doux, benin & tranquille du Renard, dit à l'un de ſes camarades,

> Comme il eſt tendre alors qu'il nous regarde!
> Il a l'air d'aimer les Lapins.

Il a l'air d'aimer les Lapins eſt charmant & n'a pas beſoin de commentaire. Un ouvrage ſupérieur à ceux-là pour l'enſemble, & le meilleur peut-être de M. Dorat dans ce genre, eſt celui que nous allons citer.

LE SECRET DE L'ÉDUCATION.

Une tante, une mere, une bonne est suspecte.
La jeunesse est toujours prompte à s'effaroucher;
Pour la mener au but, il faut le lui cacher:
La leçon instruit mieux quand elle est indirecte.
Prouvons. Avec sa tante une niece habitoit.
La niece avoit seize ans, beaux yeux, joli corsage
Et déjà même on la citoit
Pour la Psyché du voisinage.
Mais avec les attraits qui parent le bel âge
Elle en avoit tous les défauts:
Elle couroit, alloit, parloit mal-à-propos,
Se coëffoit à triple étage
Et détestoit les plus légers travaux;
Aussi pas un amant n'y fixoit son hommage:
Les épouseurs sur-tout se tenoient clos;
Joignez à cette humeur volage & peu flexible;
La curiosité la plus incorrigible;
Elle vouloit tout voir, tout épier:
Personne ne savoit mieux qu'elle
Et l'historiette nouvelle
Et la chronique du quartier.
Son intelligente tutrice,
Quoique cherchant à la flater,
Reconnut en elle ce vice
Et résolut d'en profiter.
Dans une chambre solitaire,

Un jour elle s'enferme & fait ſonner ſes clefs.
Les deſirs curieux à ce bruit éveillés,
La belle de troter, comme à ſon ordinaire,
Se ſuſpendant ſur la pointe des pieds.
La voilà qui s'attache au trou de la ſerrure:
Elle contraint ſes moindres mouvemens;
L'oreille eſt aux aguets, les yeux ſont plus ardens,
Et d'un voile qui vole on maudit le murmure.
Que voit-on ? la tante à genoux
Et s'écriant, d'un ton ſenſible & doux:
Toi, qui changes les cœurs, Dieu! permets que ma niece
Agiſſe ſi bien déſormais
Qu'elle mérite la tendreſſe
De ce mortel charmant qui l'aime avec excès;
Se cache par délicateſſe,
Et m'a fait ſigner la promeſſe
De ſeconder ſes vœux ſecrets.
Se doutant bien qu'elle étoit écoûtée,
Elle pourſuit: ô Ciel! dans tous les tems,
Puiſſe-t-elle ſe voir chérie & reſpectée!
Qu'elle ſoit mere un jour de vertueux enfans;
Et que ſon jeune époux dans un nœud légitime,
Goûtant les charmes du retour,
Affermiſſe encor par l'eſtime
Les tendres chaînes de l'amour! ....
Sa Pupille ſe trouble, & jure d'être ſage
De tranſports inconnus ſon cœur eſt agité

Des pleurs innondent ſon viſage :
Elle fuit. Le coup eſt porté.
De ſes cheveux adieu tout l'édifice :
Une coëffe modeſte en cache la beauté ;
Son tour-de-gorge eſt remonté,
Elle plaira ſans artifice.
Plus ſimple elle en a plus d'appas.
Déjà la réforme eſt ſentie,
Notre nouvelle convertie
Fait rêver les plus délicats :
Puis les Adorateurs d'accourir ſur ſes pas,
Aujourd'hui quinze, demain trente ;
Et la niece bientôt, grace à ſon changement,
Voit ſe réaliſer l'amant
Qu'avoit imaginé la tante.
Ma Fable enferme plus d'un ſens,
Vous qui conduiſez la jeuneſſe,
N'employez pas les moyens violens.
La douceur eſt ſouvent l'arme de la ſageſſe.
Un mot encor : cultiver des talens,
Diriger des vertus, c'eſt l'art des plus novices,
Et les Inſtituteurs ſavans
Corrigent leur éleve en dirigeant ſes vices.

Que de graces ! que d'intérêt dans ce Conte ou cette Fable ! on ne peut le lire ſans l'attendriſſement le plus doux & la ſurpriſe la plus agréable. Quand on ſe peint cette bonne tante à genoux, formant des vœux pour sa niece, promettant de la marier à un amant qui n'existe point, cette fraude pieuse touche, émeut, & les larmes sont prêtes à couler; en écrivant ces mots les nôtres humectent nos paupiéres, & nous ne sommes plus surpris qu'on ait trouvé assez justes ces vers du portrait de notre ami. (*)

Sur les pas du bon la Fontaine,
Avec grace toujours, & non sans quelque peine,
Il cueillit encor quelques fleurs.

Quand les *Baisers* parurent, on fit les mêmes reproches à M. Dorat, mais avec moins de justice que jamais. Si jusqu'alors M. Dorat avoit paru au dessous de ses maîtres dans les différens genres qu'il avoit traités, il nous semble que dans les *Baisers* il a surpassé son modele. Nous allons mettre le lecteur à portée d'en juger. Voici d'abord le Baiser de Jean Second:

(*) Voyez le *portrait de Dorat* à la suite de cet Éloge.

Cùm Venus Aſcanium ſuper alta Cythera tuliſſet,
Sopitum teneris impoſuit violis :
Albarum nimbos circumfuditque roſarum,
Et totum liquido ſparſit odore locum.
Mox veteres animo revocavit Adonidis ignes,
Natus & irrepſit ima per oſſa calor.
O quoties voluit circumdare colla Nepotis!
O quoties dixit : talis Adonis erat !
Sed placidam pueri metuens turbare quietem,
Fixit vicinis baſia mille roſis.
Ecce calent illæ Cupidæque per ora Diones
Aura, ſuſſuranti flamine lenta ſubit.
Quotque roſas tetigit tot baſia nata repentè
Gaudia reddebant multiplicata Deæ.
At Cytherea natans niveis per nubila Cycnis
Totius terræ cæpit obire globum :
Triptolemique modo fæcundis oſcula glebis
Sparſit & ignotos ter dedit ore ſonos.
Indè ſeges felix nata eſt mortalibus ægris
Inde Médela meis unica nata malis.
Salvete æternùm miſeræ moderamina flammæ,
Humida de gelidis baſia nata roſis.
En ego ſum, veſtri quo vate canentur honores,
Nota Meduſæi dùm juga montis erunt.
Et memor Æneadum, ſtirpiſque diſertus amatæ,
Mollia Romulidum verba loquetur amor.

Voici l'imitation de Dorat :

Un jour la belle Dionée,
Dans un de ces bosquets qui couronnent Paphos,
Fit enlever le fils d'Enée.
Tandis que le sommeil lui versoit des pavots,
Elle-même sema de fraiches violettes
Le gazon embaumé qui lui servoit de lit.
Près d'Ascagne étendue en ces sombres retraites
Vénus le voit dormir & Venus s'attendrit.

La Déesse alors se rappelle
Du Berger qu'elle aima les jours trop-tôt finis,
Il revit pour moi, disoit-elle:
C'est ainsi qu'il dormoit : tel fut mon Adonis.

Elle sent à ce nom errer de veine en veine
Ce feu dont le progrès augmente ses appas :
Combien de fois ne voulut-elle pas,
S'élançant à demi, ne respirant qu'à peine,
Au cou d'Ascagne entrelasser ses bras !...
Le desir naît sur ses levres ardentes....
Mais craignant de troubler ce paisible sommeil
Elle se laisse aller sur des roses naissantes
Qui, graces à Venus, verront plus d'un Soleil.
Leur parfum la séduit & leur fraicheur l'attire :
Au gré d'un caprice charmant
Elle y porte la main, avec feu les respire;
En humecte sa bouche & croit dans son délire,
Ne baisant que des fleurs, carresser son amant....
Vous eussiez vu les roses enflammées

Sous les careſſes de Cypris
Epanouir leurs feuilles animées :
C'eſt de-là que leur vient leur tendre coloris.
Autant de baiſers que de roſes,
Rivale des zéphirs légers
Vénus en donne tant de ſes levres mi-cloſes
Que les roſes bientôt vont manquer aux baiſers.
Sa moiſſon faite elle s'envole :
Ses cygnes éclatans l'emportent dans les airs
En longs ſillons d'azur devant elle entr'ouverts;
Elle impoſe ſilence aux fiers enfans d'Eole,
Et les beaux jours naiſſent pour l'univers.
Du haut des Cieux, que ſon haleine épure,
Où ſon char d'or lui trace un lumineux chemin,
Vénus ſourit, & le front plus ſerein,
Va ſemant les baiſers ſur toute la nature :
Elle en émaille la verdure,
Colore les épis, teint le duvet des fleurs;
Elle en couvre les bois, les prez, la grotte obſcure,
Et répand ſous les eaux leurs ſubtiles ardeurs.

Depuis ce jour tout brûle & s'unit & s'enlace.
Le bouton d'un beau ſein eſt éclos du baiſer :
Une roſe y fleurit pour y marquer ſa trace;
Fier de l'avoir fait naître, il aime à s'y fixer.

Il n'eſt gueres poſſible d'imiter mieux des vers Latins. Ceux de Jean Second ſont doux, harmonieux & brillans : ceux de M. Dorat ont les mêmes qualités. Mais pourquoi s'eſt-il exercé ſur un ſi mauvais modele ? Si l'expreſſion de Jean Second eſt toujours aſſez pure, ſa penſée eſt ſouvent fauſſe ; ſes tours ſont maniérés ; il prend la mignardiſe des diminutifs pour la tendreſſe des ſentimens ; il n'approfondit gueres ceux-ci, & abuſe des autres : ſon imagination d'ailleurs n'eſt point dirigée par le goût, & ſes fictions ſont quelquefois hors de la nature. On vient d'en voir un exemple dans la piece que nous avons citée. » Vénus fait porter Aſcagne endormi dans » un boſquet de Paphos ; c'eſt ſur un lit de » fleurs qu'elle fait dépoſer ce précieux » fardeau. Aſcagne reſſemble à Adonis : » elle le contemple & croit revoir ce der- » nier. Son amour renaît tout-à-coup ; elle » eſt mille fois tentée d'embraſſer Aſcagne ; » elle craint de le réveiller, & dans cette » crainte elle fixe ſa bouche ſur les fleurs » voiſines & les couvre de baiſers.» Juſques-là tout eſt bien. Mais qu'enſuite du haut de ſon char Vénus ſeme des baiſers ſur toute la nature ; voilà une image outrée ; voilà ce qu'on ne conçoit pas ; & cependant voilà ce qu'on trouve dans Jean Second.

> Triptolemique modo fæcundis oſcula glebis
> Sparſit, &c. &c.

Un vers de ſentiment vaut mieux que tous ces traits de bel eſprit, & une Élégie de Tibulle eſt préférable à tous les baiſers de Jean Second : mais voici une citation qui prouvera encore mieux la ſupériorité de M. Dorat.

BAISER DE JEAN SECOND.

Quid vultus removetis hinc pudicos,
Matronæque, puellulæque caſtæ?
Nulla hîc furta Deûm jocoſa canto,
Monstroſaſve libidinum figuras,
Nulla hîc carmina mentulata : nulla
Quæ non diſcipulos ad integellos
Hirſutus legat in ſcholâ magiſter.
Inermes cano baſiationes
Caſtus Aonii chori ſacerdos :
Sed vultus adhibent modo hùc protervos
Matronæque, puellulæque caſtæ,

Ignari quia fortè mentulatum
Verbum diximus, evolante voce :
Ite hinc, ite procul, moleſta turba,
Matronæque puellulæque turpes.
Quantò caſtior eſt Neæra noſtra,
Quæ certè ſine mentula libellum
Mavult, quàm ſine mentula poëtam?

IMITATION DE M. DORAT.

Pourquoi donc, matrones auſtères
Vous alarmer de mes accens?
Vous, jeunes filles trop ſévères,
Pourquoi redoutez-vous mes chants?
Ai-je peint les enlévemens,
Des paſſions les noirs ravages
Et ces impétueux orages,
Qui naiſſent au cœur des amans?
Je célèbre des jeux paiſibles,
Qu'en vain on ſemble mépriſer,
Les vrais biens des ames ſenſibles,
Les doux myſtères du baiſer.
Ma plume, rapide & naïve,
Ecrit ce qu'on ſent en aimant.
L'image n'eſt jamais laſcive,
Quand elle exprime un ſentiment.
Mais quelle rougeur imprévue!
Quoi! vous blâmez ces doux loiſirs,

Et n'osez reposer la vue
Sur le tableau de nos plaisirs !...
Profanes, que l'Amour offense,
Qu'effarouche la volupté,
La pudeur a sa fausseté,
Et le baiser son innocence.
Ah ! fuyez, fuyez loin de nous ;
N'approchez point de ma maîtresse :
Dans ses bras quand Thaïs me presse,
Et, par les transports les plus doux,
Me communique son ivresse,
Thaïs est plus chaste que vous.
Ce zèle où votre cœur se livre,
N'est que le masque du moment :
Ce que vous fuyez dans un livre,
Vous le cherchez dans un amant.

Les deux derniers vers de Jean second sont assurément très - obscènes : ceux de Dorat sont chastes & fins. Il faut encore remercier ce dernier des deux suivans, qui ne sont pas dans l'original & qui sont charmans :

La pudeur a sa fausseté,
Et le baiser son innocence.

Ces différentes citations prouvent assez que M. Dorat, en imitant les baisers de

Jean ſecond les a embellis, qu'il en a les beautés & non les défauts. Voici pourtant ce qui nous arriva un jour au ſujet des *Baiſers François*. Il nous arriva d'en dire du bien devant de prétendus connoiſſeurs qui ſoudain nous demanderent ſi nous avions lu les *Baiſers Latins* : nous aſſurâmes que non. Ces Meſſieurs, profitant de notre aveu, s'écrierent, avec cette morgue pédanteſque qui les caractériſe, *ah ! quelle différence ! Que Dorat eſt loin de Jean Second !* Nous le crûmes. Bientôt le hazard fit tomber entre nos mains les fameux Baiſers que nous ne connaiſſions pas. En les liſant nous vîmes qu'on nous avoit trompés. Nous avions trouvé un peu injuſtes les Cenſeurs qui avoient immolé Dorat à leur admiration pour la Fontaine, nous trouvâmes un peu ignorans ou un peu faux ceux qui préféroient Jean ſecond à Dorat. Cependant après quelques réflexions ces procédés nous ſurprirent moins, ſans ceſſer de nous indigner. Nous nous reſſouvînmes que pour faire tomber des productions vraiment eſtimables, les méchans ou les sots avoient l'habitude de leur opposer sans cesse quelque chef-d'œure de convention ; que celui-ci étoit prôné, élevé jusqu'aux nuës ; que les autres étoient déchirés, rabaissés avec acharnement. Et s'il s'étoit agi d'un ouvrage de plus grande importance, nous nous serions rappelés encore l'histoire des deux fameuses Tragédies de Phédre, dont la meilleure, grace aux maneges dont nous parlons, tomba ; & dont la plus mauvaise réussit. Des Censeurs de meilleure foi nous diront peut-être qu'il ne faut pas tant comparer Dorat à Jean Second ; que souvent le premier a imité l'autre d'une maniere si libre qu'à peine trouve-t-on entre-eux quelque rapport. Nous répondrons à cela que Jean Second est un de ces Auteurs qu'il est *moins difficile d'égaler que de traduire* ; que M. Dorat a bien fait de l'imiter seulement : nous ajouterons que ce mot est de M. Dorat lui-même, & qu'il est plein de raison & de finesse.

Les Baisers sont précédés d'un Poëme intitulé *le Mois de Mai*, Poëme charmant,

Poëme où l'Auteur a fondu avec goût une partie du *Pervigilium Veneris*, & où l'on trouve tour-à-tour de beaux vers de description & de sentiment.

Les Lettres d'une Chanoinesse sont encore une imitation. Pourquoi M. Dorat s'est-il appuyé si souvent sur un modele, lorsqu'il étoit fait pour en servir lui-même? Il est de vieilles statues faites d'après l'antique, que l'on gâteroit peut-être en leur appliquant une draperie. M. Dorat n'a point gâté les charmantes *Lettres Portugaises* en les révétissant des atours de la Poésie, mais il les a embellies en pure perte. J. J. Rousseau croyoit que les Lettres Portugaises étoient l'ouvrage d'un homme. M. Dorat pensoit que l'ouvrage étoit Portugais, mais qu'il avoit été traduit en notre langue. Quant à nous, qui n'aimons point à nous créer des difficultés sans raisons, nous croyons tout bonnement que l'ouvrage est français, (*) & qu'il a

(*) Ces Lettres ont été réellement écrites au Chevalier de Chamilli, frere du Maréchal de Chamilli, qui étoit, il y a environ soixante ans, Gouverneur du pays d'Aunis. Nous

été réellement composé en français par une femme : cet avis est celui des Portugais eux-mêmes, plus intéressés que nous à ne point l'adopter. Et pourquoi ne croirions-nous pas qu'une femme a écrit ces Lettres pleines de passion & de délicatesse ? Les femmes savent mieux aimer que nous ; elles doivent par conséquent savoir mieux exprimer l'amour. Quelque chose dans ce genre devroit-il nous étonner de leur part : d'où vient cette surprise ? De notre orgueuil sans doute. Mais parce qu'une vérité humilie, faut-il forger un systême qui révolte ? Et faut-il être injuste parce qu'on n'est pas convaincu ? *Les Lettres Portugaises*, nous dira-t-on, parmi beaucoup de traits de sentiment, offrent quelquefois une métaphysique entortillée, obscure ; des pensées fausses, des tournures maniérées, des expressions triviales. Oui sans doute, on trouve tous ces défauts dans les *Lettres Portugaises* ; ces défauts y sont mêlés à de grandes beautés, &

tenons cette Anecdote d'une personne parfaitement instruite.

voilà

voilà pourquoi l'ouvrage eſt d'une femme. Quand on aime & qu'on écrit à ſon amant, ſonge-t-on à polir ſon ſtyle? Les négligences qu'on reproche à cet ouvrage ſont préciſément ce qui en fait le charme; il n'y auroit plus de naturel ſans elles, plus d'illuſion pour le lecteur : l'art perceroit; & ſi elles étoient mieux écrites, c'eſt alors que nous les croirions d'un homme. En imitant les *Lettres Portugaiſes*, M. Dorat a eu le projet de faire diſparoître ces négligences. A-t-il bien ou mal fait? Il eſt des défauts reſpectables dans les productions de l'eſprit; mais a-t-on toujours raiſon de les reſpecter? Nous ne déciderons point la queſtion. Nous répéterons ſeulement que M. Dorat a embelli les *Lettres Portugaiſes*, puiſqu'il en a ôté les taches nombreuſes : les ſuffrages du connoiſſeur ſenſible feront pour les vers de M. Dorat, & les larmes du lecteur paſſionné pour la proſe de la Chanoineſſe.

Nous parlerons peu du Poëme *de la Déclamation* : quoique ce ſoit l'ouvrage de M. Dorat qu'on a le plus attaqué, nous croyons que c'est celui de tous qui a le moins besoin d'être défendu. C'est son plus beau titre à la gloire & aux suffrages de la postérité ; c'est sur cette base immortelle qu'est appuyée la réputation de M. Dorat, & le tems ne fera que l'affermir, ainsi que ces vieux édifices qui reposent sur de vastes fondemens (*).

Lorsque *la Henriade* parut, on convint que la Nation avoit enfin son Poëme épique. Ne pourroit-on pas dire, avec autant de raison peut-être, que ce siecle n'a eu un beau Poëme didactique que du moment que la *déclamation théatrale* a été mise au

(*) Lorsque M. Dorat donna cet ouvrage tel qu'il est, on dut être étonné des ressources de son imagination, & que dans le chant de la danse, par exemple, il traitat en vers de cet art mieux que Marcel n'en auroit parlé, ce qui prouve, comme l'a dit M. le Mierre dans sa préface du Poëme de la Peinture, que les principes fondamentaux des arts sont innés & que ce ne sont que les détails qu'on apprend. Le Poëte d'ailleurs étant le sinonime d'inspiré, il devine ce qu'il ignore, & c'est pour cela qu'on le nomme *Vatés*, ainsi le talent & le sentiment tiennent lieu de pratique & même de théorie. M. Dorat & M. le Mierre en ont donné chacun une preuve non équivoque.

jour? *J'ai déja lu votre charmant Poëme ſur la déclamation*, dit M. de Voltaire à ſon Auteur dans une lettre & dans un tems où il n'avoit pas trop envie de le flater; *il eſt plein de vers heureux & de peintures vraies*. Nous nous garderons bien d'analyſer ce qui a été ſi bien jugé. Nous ajouterons ſeulement que ce n'eſt pas ainſi qu'en a jugé un Cenſeur un peu partial de Voltaire lui-même & de Dorat; mais ſes arrêts ne peuvent pas avoir beaucoup de poids: les vers ſuivans feront connoître la maniere de ce Monſieur, quand il critique ſoit la Henriade, ſoit le Poëme de la Déclamation

(*) Dans ſes jugemens, vrais ou faux,
Il ſabre, mutile, eſtropie;
Prend pour fureter les défauts
Un verre qui les multiplie:
Le bien il le tait à propos,
Ou très-volontiers il l'oublie.

Pluſieurs Gens de lettres ont dit que les Romans de M. Dorat avoient eu du ſuc-

(*) Vers de Dorat, tirés de *ma Philoſophie*.

cès, mais peu en ont donné la raison: il est aisé de l'appercevoir. Les Romans de M. Dorat ont réussi parce que l'intérêt y naît toujours d'une action simple, peu chargée d'événemens, & développée sans trop d'étendue; parce qu'il n'y a point d'avantures trop merveilleuses, de longs épisodes étrangers au sujet principal; parce que les caracteres en sont bien prononcés, qu'ils forment le plus souvent entr'eux un contraste piquant, qu'ils sont soutenus jusqu'à la fin; qu'enfin ces productions sont une peinture vraie de la société. Le style en est touchant, passionné dans les lettres de *Versenay*; noble & sage dans celles du *Baron*; ingénieux, leger & plaisant dans celles de Madame *d'Ercy* & du *Marquis*; simple & vrai dans celles de Madame *de Sénanges*. Nous ne parlons que des *Sacrifices de l'Amour*; mais ce jugement peut s'appliquer aussi au style des (*) *Malheurs*

(*) Ce dernier Roman a un avantage sur l'autre, il y a plus de mouvement; l'action, sans être compliquée, nous en a paru plus vive; il y a sur-tout un Duc qui rappelle la scélératesse aimable du Comte de Grammont & qu'on pourroit appeller le Lovelace François.

de l'Inconſtance. Ce qui nous a ſur-tout étonnés dans ces deux Romans, ce ſont quelques lettres de femme: ſi nous n'avions pas connu la flexibilité extrême du génie de M. Dorat, nous ne croirions jamais qu'une femme ne les eut pas compoſées. Nous allons en citer un exemple, pour mettre les lecteurs à portée de partager ou d'expliquer nos doutes; il eſt pris des *Sacrifices de l'Amour*, tome premier, Lettre 37: c'eſt Madame *Dercy* qui parle.

« . . . .

» . . . . Au reſte voici l'Hiſtoire de mon
» voyage. Vous ſavez, ou vous ne ſavez
» pas que, pour arriver là, il faut paſſer un
» bacq. Imaginez-vous que mes chevaux,
» par un caprice qui n'a pas laiſſé que de
» m'étourdir, vouloient me mener tout
» droit dans la riviere. Ils étoient vrai-
» ment mal intentionnés ce jour-là; &
» comme je ne nage pas bien, j'ai mieux
» aimé deſcendre de voiture pour ne les
» pas gêner. Un charretier, bien ivre,
» ſcandaliſé de leur fantaiſie, s'eſt mis à les

» fouetter de toute ſa force, par bon pro-
» cédé pour moi. Un de mes gens a attrap-
» pé un coup de fouët: il a battu le char-
» retier qui a juré de ſon mieux ; & ce
» mieux-là je ne le connoiſſois pas encore.
» Nous voilà donc dans le bacq, avec
» beaucoup d'humeur les uns contre les
» autres, mes compagnons de voyage
» étoient des payſans qui rioient de bon
» cœur, & puis un gros bon-homme,
» coëffé d'une perruque rouſſe, vêtu d'une
» redingotte griſe, & monté ſur un cheval
» étique. Le malheureux (c'eſt de l'homme
» que je parle) eſt ſourd au point qu'un de
» ſes amis qui cauſoit avec lui, ne pouvoit
» s'en faire entendre, quoiqu'on l'entendit
» de l'autre côté de la riviere. J'oubliois
» un Monſieur en habit verd, en paraſol
» verd, dans un cabriolet verd-pomme,
» qui regardoit couler l'eau d'un air tout-
» à-fait attentif. Cet homme eſt un ſage,
» ou un amant malheureux, ou un ſot
» pour le plus ſûr. Il n'a pas levé les yeux
» une ſeule fois : le plus beau ciel, de
» jolies femmes ; tout cela lui eſt égal, il

» n'en voit rien. J'arrive enfin. Je trouve » ſix femmes faiſant un Cavagnol. Ces ſix » femmes ſont des ſiécles ; la plus jeune » a quarante ans ; & elle ſe feroit fort bien » paſſée de mon arrivée : les autres la trai- » toient comme un enfant, & il eſt doux » d'être grondée à pareil prix. Etes-vous » aſſez content de moi ? J'entre dans des » détails, je m'occuppe de vous.... »

Qu'il regne dans ce morceau, de vérité, de naturel, & de cette ingénuité comique, caractère dominant des femmes dans le genre Épiſtolaire ! Madame *de Sévigné* ne conte pas mieux ; tranchons le mot, il n'y a qu'une femme qui puiſſe conter ainſi. Comment ſe fait-il donc que ?... Mais laiſſons une énigme qu'il n'eſt pas facile de deviner, & dont nous ne dirions pas le mot, quand même nous le ſçaurions.

Nous avons éprouvé la même ſurpriſe en liſant les *Malheurs de l'Inconſtance*. Les Lettres de Madame *de Circé* ont une ſimplicité, une ſenſibilité qui leur ſont particulieres & qu'on ne trouve pas dans les autres. L'Auteur, au ſujet de ce Roman, nous a conté plusieurs fois une anecdote qui peut-être ne sera pas déplacée ici. Il a tracé dans ces Lettres un caractère auquel il n'est pas honnête de ressembler, ce caractère est celui de *le Blanc*, espèce d'intriguant subalterne, comme on en voit beaucoup. Lorsque l'ouvrage parut, dans une assez grande ville de Province où demeuroit depuis peu un homme qui portoit le même nom & qui depuis peu étoit revenu de Paris, on prétendit que M. Dorat, dans son Roman, avoit voulu faire le portrait du nouveau débarqué, & que pour qu'on le reconnut mieux il lui avoit laissé son propre nom. Cet homme aspiroit à une place de Finance, que les ressemblances prétendues l'émpêcherent d'obtenir. Il écrivit à M. Dorat pour le prier de détruire cette opinion. Celui-ci répondit que l'imputation étoit injuste, que les applications tomboient à faux sur M. le Blanc, que jamais il n'avoit eu en vue de le tourner en ridicule. Armé de ce témoignage, M. le Blanc fut bien-tôt vainqueur des bruits qui couroient sur son compte ; la calomnie se tût, & il obtint la place qu'il désiroit. Cette anecdote prouve que non-seulement M. Dorat étoit ennemi de la Satyre personnelle & ami de la vérité, mais encore qu'il portoit dans le monde l'esprit d'observation si nécessaire à tout homme qui écrit; & que par conséquent il peignoit d'après nature. Si le Personnage de son Roman avoit été idéal, on auroit ri peut-être de son portrait, mais on n'en auroit appliqué la contre-preuve à personne.

Nous avons déjà dit que l'activité de M. Dorat ne lui permettoit pas de s'attacher à un seul ouvrage, & l'on va bientôt en voir la preuve. Un homme moins ardent peut-être, ou moins amoureux de la gloire, se seroit contenté de celle que lui auroient valu les ouvrages dont nous venons de rendre compte : les vœux de M. Dorat ne se bornoient pas à si peu de chose. Des myrthes & des roses ornoient déjà son front, c'est sur-tout de palmes dramatiques qu'il étoit jaloux de le couronner : il paroît même que les succès de la scène étoient ceux qui le flatoient le plus ; il a plus d'une fois rassemblé toutes ses forces pour les obtenir. Mais avant de parler de son Théâtre, qu'il nous soit permis de faire quelques réflexions sur l'art de la Comédie, le plus utile peut-être, & le moins encouragé de tous les arts : nous ne croyons pas qu'elles soient absolument étrangeres à notre sujet.

En disant que l'art de la Comédie est le plus utile, il n'est pas question ici des arts de premiere nécessité tels que l'Agriculture, la Méchanique, &c. &c. ; c'est moralement que nous parlons, & non physiquement : notre assertion n'a pas besoin de commentaire, & il nous est aussi facile de la démontrer, qu'à nos Lecteurs de l'entendre. Quels sont les vrais fléaux de l'humanité ? Les vices d'abord, & ensuite les ridicules, qui sont tour-à-tour les fils & les peres des vices. Attaquer de front ces ennemis, n'est pas le moyen de les vaincre : on n'élude leurs forces qu'en usant de ruses & de détours. Les hommes enfin sont de vieux enfans qu'il faut conduire à la vertu par un chemin de fleurs : des préceptes directs les effarouchent ; des conseils amis les persuadent. C'est sur tout aux Auteurs Comiques que s'adresse l'éternel & charmant axiôme du Tasse. Il faut pour guérir les hommes de leurs inombrables maladies, entourer de miel les bords du vase où le rémede est renfermé. Les Poëtes Comiques qui suivent cette regle, nous semblent être les vrais médecins de l'ame. Ceci a besoin d'être développé. La Comédie qui fait ce bien aux hommes n'est point celle d'intrigue, ni même celle de sentiment à qui l'on a donné par dérision le nom de *Comédie Larmoyante*. Celle-ci fait pleurer beaucoup, l'autre peut faire beaucoup rire, & aucune ne corriger. La Comédie par excellence, la seule qui soit vraiment utile, est celle qui corrige & fait rire à la fois ; le *Tartuffe* nous paroit, non le modele, mais le chef-d'œuvre de ce genre admirable. Les modeles dans les autres genres ne sont pas rares ; Plaute, Térence & la Chaussée en fournissent plusieurs. Ainsi donc, le Poëte Comique qui, selon nous, est le vrai Médecin de l'ame, n'est point celui qui, ſemblable à Plaute, imagine une intrigue que nouent & dénouent des valets, ou d'autres fourbes à gages; une intrigue où les incidens ſont accumulés, ſans autre beſoin de la part de l'Auteur que d'exciter la ſurpriſe & le rire dans ceux qui l'écoutent. Dans ces ſortes de piéces un jeune homme peut quelquefois apprendre à braver ſon pere, ou à ſéduire une fille; une fille à tromper ſon tuteur ou ſon futur époux; un valet à voler ſon maître: ces ſortes de piéces ſont bien plutôt l'école du vice que celle de la vertu, & elles ſont, comme on voit, bien plus de mal que de bien. Le vrai Médecin de l'ame n'eſt point celui qui, ſemblable à la Chauſſée, raſſemble dans une action quelconque les ſituations les plus attendriſſantes qu'il peut imaginer, telles que des reconnoiſſances imprévues, des duels forcés entre des perſonnes qui s'aiment, &c. ſeulement pour exciter le plaiſir douloureux & momentané que goûtent les hommes ſenſibles à déplorer les malheurs de leurs ſemblables. Les piéces de ce dernier genre ne ſont pas dangereuſes comme les autres, mais elles ne ſont pas plus utiles; & ſi les autres font plus de mal que de bien, celles-ci ne font ni l'un ni l'autre. Le vrai Médecin de l'ame eſt celui qui, ſemblable à Moliere, n'imagine pas une intrigue, ne combine pas une ſituation, n'arrange pas une ſcène, n'écrit pas une ligne qu'il n'ait un deſir vigoureux, un projet formel de détruire un préjugé, de ridiculiſer un vice, ou d'extirper un ridicule. Mais nous parlons de ce qui doit être, & non de ce qui eſt. Et qu'on ne croye pas que la puiſſance d'un pareil homme ſoit bornée, & que ſon genie, quand ſes intentions ſont pures, ne ſoit pas d'une utilité générale, & ne cauſe même dans l'ordre moral comme dans l'ordre civil, les plus grandes révolutions. Ariſtophane, en jouant les Dieux & les Philoſophes, triompha des deux choſes les plus fortes qu'il y ait dans le monde, la Religion & la Sageſſe. Moliere, né dans une Monarchie & protegé par un Monarque légitime, a changé les mœurs d'un Peuple: Moliere, né sous un Roi usurpateur & protégé par le Peuple, eut détrôné le Tyran. L'arme du ridicule dans la main du sage, est aussi forte que l'épée dans celle du conquérant, avec cette différence que le premier n'employe guère la sienne que pour le bonheur des hommes, & que l'autre.... Mais il est tems de prouver notre seconde assertion.

Il est certain qu'il y a peu de pays au monde où les Sciences & les Arts, soit méchaniques, soit libéraux, reçoivent plus d'encouragements qu'en France. Il y a des écoles gratuites de Dessin, de Droit & de Théologie. De jeunes peintres, de jeunes sculpteurs vont à Rome aux frais de la Nation, parcourent l'Italie, & forment leur génie & leur goût sur les chef-d'œuvres des grands-maîtres; ils recueillent à leur retour le fruit de leurs études, & leurs travaux ne sont jamais sans récompense. Par une fatalité singuliere, & qui cependant ne nous étonne point en France, l'art de la Comédie est le seul qu'on y néglige, & même qu'on y opprime; depuis quelque tems ſur tout il ſemble que tout s'uniſſe pour en retarder les progrès.... Les progrès ! que diſons-nous ? Graces à cette inconcevable perſécution, il n'en fait plus depuis long-tems ; & chaque jour même il marche à grands pas vers ſa ruine. Sur les ſept cent mille perſonnes qui habitent la Capitale il y en a à peine cent qui ayent conſervé les vraies notions de la bonne Comédie : *Apparent rari nantes in gurgite vaſto.* Ces notions reſſemblent à ces germes bienfaiſans, épars dans un champ négligé, & qui, développés à peine, ſont étouffés par l'ivraie qui les environne. On ne fait plus guère de Comédies dans le vrai genre; & nous oſons prédire qu'à moins d'une révolution générale dans les eſprits, ce qui nous paroît impoſſible ; qu'à moins qu'il ne s'élève un Protecteur éclairé & puiſſant, ce qui ne le paroît guere moins, nous oſons prédire que dans dix ans, & peut-être plutôt, l'art divin de Moliere, l'art charmant de rendre les hommes meilleurs en les faiſant rire, ne ſera guere plus connu que le ſecret du feu grégeois &

autres inventions pareilles, absolument perdues pour nous. On regardera les Comédies de Moliere comme les vieux édifices gothiques qu'on admire encore : on dira cela est beau ; mais on ne bâtira plus ainsi ; nous mêmes on nous regardera peut-être comme des Visigoths d'écrire sur ces matieres. Il se peut bien pourtant que quelqu'un, en lisant ceci, s'écrie : ce n'est pas tout de déclamer, ce n'est pas tout de former des conjectures vagues & des prophéties plus vagues encore, il faut prouver. — Que nous prouvions ? hélas ! rien n'est plus facile ; nous ne sommes embarrassés que sur le choix des preuves. Si nous voulions approfondir ce sujet, il nous seroit bien difficile de n'être pas diffus : nous tâcherons d'être courts.

Un homme qui a essuyé une partie des inconvéniens dont nous parlons, a dit fort ingénieusement que du tems de Louis XIV, *il régnoit plus de liberté & moins de licence, & qu'aujourd'hui il regne plus de licence & moins de liberté.* Ce mot est d'une vérité frappante. Qu'un Auteur Comique, s'il en est encore, s'avise de donner

donner une Comédie dans le vrai genre, qu'il traite son sujet avec la même vigueur & la même liberté que Moliére; s'il peint les mœurs telles qu'elles sont, c'est-à-dire, avec toute leur dépravation & telles qu'il faut les peindre pour les faire haïr, soudain l'on criera au scandale; les hommes les plus corrompus accuseront l'Auteur d'avoir voulu les corrompre; ils proscriront, ils rejetteront la peinture de leurs vices, quoique pleins d'amour pour la réalité; & le peintre leur paroîtra plus dangéreux encore & moins chaste que ses tableaux. Cela est si vrai, qu'aujourd'hui *le Tartuffe*, *l'École des Femmes*, celle *des Maris*, ne passeroient point, & que tout le monde en convient. Le luxe d'ailleurs a tellement confondu les états & les conditions, que si notre pauvre Auteur a choisi des Bourgeois pour ses personnages, & les a fait parler comme des Bourgeois, des Bourgeois eux-mêmes diront que ces gens-là ont le plus mauvais ton; les plaisanteries les plus naïves, les réparties les plus simples paroîtront basses & triviales dans leur bouche:

la bonne Compagnie trouvera ces personnages encore plus insupportables, & fera plus haut encore sonner le mot de *Bon-ton*, car c'est le mot de ralliement de tous les sots qui n'ont pas le ton de la nature. En conséquence, ces Messieurs & ces Dames diront que la piéce est détestable ; cet Arrêt circulera ; il parviendra peut-être aux oreilles de l'Auteur qui croira peut-être la bonne Compagnie, retirera sa piéce & n'en fera plus... On veut que nous prouvions ! Eh ! qui ne sait pas que de tous tems les Auteurs Comiques, & sur-tout leurs ouvrages, ont été persécutés ? Qui ne sait pas que *le Misanthrope* est tombé ? qu'une cabale trop puissante a fait arrêter *le Tartuffe*, & l'auroit fait brûler, ainsi que son Auteur, si elle l'avoit pu ? Qui ne sait pas que, de nos jours, *le Glorieux* & *le Métromane* ont rencontré des milliers d'obstacles : que l'un a été refusé par les Comédiens, & presqu'étouffé par le public à sa naissance ; que l'autre, avant d'avoir vu le jour, est resté dix ans sur le ciel-de-lit de Dufresne ? Qui ne sait pas qu'il n'est pas un Auteur

Comique, depuis Menandre jusqu'à Vadé, qui ne se soit plaint de cette persécution? que ceux qui vivent s'en plaignent encore? Qu'on lise la Préface de *Roseïde*. « Il semble, dit l'Auteur dont nous faisons l'Éloge, » qu'il se répande une influence maligne » sur tous ceux que le Ciel prédestine à » rire aux dépens des autres... en arrivant » à nos jours on ne s'apperçoit pas que cet » astre perfide qui s'attache aux Courtisans » de la folâtre Thalie, ait acquis plus de » bénignité : il semble au contraire que le » public redouble de rigueur à mesure » que les difficultés se multiplient... Quel » accueil a-t-on fait à la *Mere Jalouse*, à » *l'Egoïste*, à *l'Homme Personnel*; ouvra- » ges assurément très-estimables? *L'Impa-* » *tient*, petite piéce pleine de feu, d'un » dialogue vif & d'un comique agréable, » n'eut aucun succès dans la nouveauté. » Comment reçut-on la premiere fois ce » *Barbier de Séville*, si gai, si original, qui » joint aux effets les plus piquans de l'action, » les finesses du dialogue le plus animé, » & qui laisse, par intervalle, échapper des

» lueurs d'intérêt à travers toutes les folies » de l'imagination? L'Hydre vint en force, » elle fit son joyeux tintamare, & l'on ba» lança si l'on remettroit sur la scène une » Comédie charmante, regardée aujourd'hui » comme un chef-d'œuvre de verve, d'en» jouement, où les saillies d'un esprit libre » désarment la critique, dérident la sagesse » & n'attristent que l'envie. »

On nous dira peut-être, eh! quel mal y a-t-il, après tout, qu'on n'encourage point des hommes qui peuvent être utiles, il est vrai, mais qui plus souvent encore sont dangéreux par le fiel & le ridicule qu'ils répandent également sur le vice & sur la vertu? Vous vous étonnez qu'on les persécute, ajoutera-t-on, eux qui sont persécuteurs! & là-dessus on nous citera l'exemple éternel d'Aristophane qui dénonça publiquement Socrate, & qui peut-être hâta la mort d'un homme qui n'auroit jamais dû mourir. Aristophane fut coupable sans doute; mais c'est une exception: nous sommes loin de proposer ses principes pour modeles; si nous croyons que ses écrits peuvent en servir, périsse l'art à jamais ; périſſe même le génie, s'il doit attaquer la vertu ! Nous abhorrons autant la ſatyre particuliere qui nomme ou qui déſigne le mortel qu'il faut reſpecter, que nous aimons celle qui peint en général les hommes qu'il faut haïr : Ariſtophane méritoit ſeul la ciguë qu'il fit boire à Socrate.

M. Dorat, témoin de la perſécution qu'eſſuyoit un art qu'il aimoit paſſionément, jetté d'ailleurs dans des Sociétés brillantes, mais frivoles, où le ton de la nature auroit paru du dernier bourgeois, M. Dorat, diſons-nous, crut devoir ennoblir un genre qui eſt toujours noble toutes les fois qu'il eſt vrai ; voilà pourquoi il n'a mis ſur la ſcène que des hommes de qualité, & que même quelquefois il a prêté à des valets le langage poli & élégant des maîtres ; quoique ce défaut ait choqué pluſieurs perſonnes dans les Comédies de Dorat, il n'eſt pas impoſſible de l'excuſer. Ne faut-il pas toujours embellir la nature au Théatre, & puiſque le coſtume des payſans ſur la ſcène n'eſt point le même qu'au village, qu'au lieu de haillons ils y paraiſſent vêtus d'habits frais &

quelquefois élégans, pourquoi n'y feroit-on pas parler les domestiques un peu plus noblement qu'ils ne parlent dans l'antichambre? D'ailleurs les valets qui ont un peu d'esprit, & sur-tout les soubrettes, vivant perpétuellement avec leurs maîtres & leurs maîtresses, ne peuvent-ils pas, à la longue, s'être rapprochés de leur conversation? Moliére lui-même, dans le *Tartuffe*, ne fait-il pas tenir à *Dorine* des discours un peu hardis & peut-être au-dessus de l'état de cette derniere? Voilà pourquoi nous avons cru pouvoir dire que Dorat étoit à Moliére pour la Comédie, ce qu'il est à la Fontaine pour le Conte; voilà pourquoi il nous a si souvent marqué sa prédilection pour la Chaussée, & qu'il en a si souvent fait l'éloge dans ses préfaces. Quoiqu'il en soit des principes de M. Dorat, nous ne croyons pas qu'il faille exclure de la scène les Grands & les gens de qualité; Moliére, qui n'excluoit rien, les y a mis avec succès; & M. Dorat lui-même, s'il n'avoit rien exclu, les y auroit mis avec plus de succès encore. *Le Célibataire* & *la Feinte par*

Amour feront toujours vus avec plaifir ; ces deux piéces font écrites avec efprit, avec légéreté, avec fineffe : le rôle de *S. Gerans*, dans la premiere, eft d'un naturel & d'une vérité qui tiennent à la vraie Comédie ; le cinquieme acte de cette piece eft un des plus beaux qu'il ÿ ait au Théatre, & même un des plus moraux. Terville, fubjugué par l'éloquence de Montbriffon, montre clairement que les fyftêmes échouent contre les fentimens, que les folles imaginations des hommes, que les calculs fpécieux de l'efprit ne tiennent pas contre l'amour, & que l'on n'eft véritablement heureux qu'en aimant la vertu & qu'en fuivant la nature. Le fublime Plaidoyer que celui d'où l'on fort pénétré & convaincu de ces vérités touchantes ! il vaut mieux que les plus belles harangues des orateurs les plus célebres. Il y a dans l'autre des portraits frappans ; l'intrigue en eft fimple. Dans l'une & dans l'autre, il y a plus de développement que d'action ; & c'eft ainfi qu'on fait des Comédies de caractère. Quoique M. Dorat préférât la Chauffée à Moliére, il nous femble que dans ces deux pieces, il s'eſt fait une maniere qui tient un peu de l'un & de l'autre ; ce n'eſt point-là du moins celle de Deſtouches ; ce n'eſt point celle de Regnard, de Dufreſni, c'eſt celle de M. Dorat ; & c'eſt beaucoup, après tant de gens, d'en avoir une à ſoi. Rien n'eſt moins définiſſable que ce qu'on appelle l'air dans les viſages & les manieres, & rien cependant n'eſt plus réel. Il en eſt de même des écrits. Ceux de Dorat étoient marqués à ſon coin : dans preſque tous il a une maniere qui lui eſt propre, & c'eſt pour cela qu'il a fait *École*, comme pluſieurs perſonnes l'ont déja obſervé. *Le Malheureux Imaginaire*, *les Chevaliers François* ſont des ouvrages très-eſtimables, non peut-être pour l'intrigue & l'invention, mais pour les détails & les graces du ſtyle. Il y a ſur-tout dans *le Malheureux Imaginaire*, un caractère charmant qui a fait la fortune de cette piece, c'eſt celui de d'*Epermont* inſouciant aimable & gai, qui contraſte parfaitement avec le principal perſonnage. Nous croyons qu'à quelques égards M. Dorat a voulu ſe peindre lui-même dans le caractère de d'*Epermont*, il n'en convenoit point, mais tout le faiſoit deviner. Ce ſont les célebres Mémoires du Comte de Grammont qui ont donné à M. Dorat l'idée des *Chevaliers François*. Ces deux petites pieces ſont très-bien écrites, & la proſe d'Hamilton, toute charmante qu'elle eſt, ne leur a pas fait autant de tort que l'on a ſemblé le croire. Quant à *Roſeïde* ou l'*Intriguant*, nous croyons que c'eſt la piece de Dorat dont le plan ſuppoſe le plus d'invention & de génie : cette Comédie eſt à la fois d'intrigue & de caractère, & elle auroit ſûrement réuni plus de ſuffrages, ſi le perſonnage principal eut été un peu moins odieux ou ſi, tel qu'il l'eſt, l'Auteur l'eut placé dans des ſituations plus comiques.

M. Dorat avoit des idées encore plus ſaines ſur la Tragédie que ſur la Comédie : voici comment il parle de la premiere dans la Préface d'*Adélaïde de Hongrie* : « S'il » m'étoit permis de donner un conſeil aux » Auteurs Tragiques, je les inviterois, au

» lieu de tenter des innovations incertaines, » à ſe rapprocher avec courage de l'ancienne ſimplicité ; encore un coup, ce » n'eſt point par des tableaux, des grouppes » combinés & des effets pittoreſques, qu'on » va juſqu'au fond des ames ſurprendre » le ſecret des paſſions, ouvrir la ſource » des larmes, porter le trouble du ſentiment. Cette foible reſſource réveille » pendant quelque tems le goût émouſſé » de la multitude, mais n'obtient pas le » ſuffrage de la raiſon. Les véritables coups » de Théatre partent du cœur, non de la » tête : le développement des caractères, » la gradation de l'intérêt, le langage de » la nature, un dialogue plein & ſoutenu, » la pitié, la terreur amenées au comble par » des nuances bien ménagées, voilà les » poignards qui nous déchirent, & les » beautés qui nous tranſportent. Tout » homme qui écrit, s'il eſt pénétré de ſon » ſujet, ne ſe rejette pas ſur les acceſſoires : » rien n'annonce plus le défaut de chaleur » que la recherche des ornemens. Ce ſeul » mot, *qu'il mourut*, dans les *Horaces*,

» fait une impreſſion plus vive, plus pro-
» fonde que ne fera jamais tout l'appareil
» faſtueux de la Tragédie moderne ».

Voilà aſſurément un ſyſtême bien ſage ſur la Tragédie; ce peu de lignes vaut un art poëtique. Comment ſe peut-il après cela, que M. Dorat n'ait pas eu de grands ſuccès dans la Tragédie? Auroit-il mal éxécuté ce qu'il avoit ſi bien conçu? Non aſſurément. *Regulus* & *Pierre-le-Grand* ſont la preuve du contraire. Une action ſimple, un dialogue naturel, un ſtyle qui leur reſſemble; voilà ce qu'on doit admirer dans ces deux ouvrages. Il a pris pour lui-même, en les compoſant, les conſeils qu'il donnoit aux autres dans ſa préface, & nous croyons qu'elles auroient eu beaucoup plus de ſuccès il y a cinquante ans. Mais on ne ſauroit ſe diſſimuler que Voltaire a cauſé une révolution au Théatre, en y mettant preſque toujours la philoſophie en action & en ſentiment; de puiſſans intérêts, une peinture rapide & animée des malheurs qu'ont fait aux hommes la tyrannie, le fanatiſme & l'ignorance, de grands tableaux des mœurs des Nations ; voilà à présent ce qu'il faut pour plaire. Peut-être que la Tragédie a gagné d'un côté ce que la Comédie a perdu de l'autre : il semble en effet que Melpomène empiéte chaque jour sur le domaine de Thalie ; *la Veuve du Malabar*, qui a le plus grand succès en ce moment, est à la fois une preuve & un exemple de ce que nous disons. Cette piéce est une satyre vive & éloquente d'un usage cruel & ridicule ; & voilà peut-être pourquoi le public la voit avec tant de plaisir. Nous croyons que M. Dorat auroit eu le même succès s'il avoit eu le bonheur de trouver un sujet aussi heureux. Nous ne devons pas oublier de parler de la double palme qu'il cueillit le jour de la premiere représentation de *Régulus* & de la *Feinte par Amour* ; succès d'autant plus glorieux pour lui, qu'il est peut-être unique dans les fastes de la Littérature, & qu'il annonçoit une flexibilité de génie assez rare parmi les Gens de Lettres.

Zoramis, ou *le Ministre Vertueux*, ajoute encore à l'opinion que nous avons des talens de M. Dorat pour la Tragédie. Celle-ci eſt la derniere qu'il ait fait imprimer, elle n'a point été repréſentée, & comme aucun Journaliſte n'en a parlé, nous allons en donner un extrait rapide & ſuccinct. Cet extrait ſera nouveau pour le Lecteur qui peut-être aura lieu d'être ſurpris du ſilence qu'on a gardé ſur cette production de M. Dorat : il en a puiſé le ſujet dans le fameux Roman de *Théagene* & *Chariclée*, un des plus beaux monumens de la brillante imagination des Grecs. Racine avoit puiſé dans le même Roman le ſujet de ſa premiere Tragédie, & cette reſſemblance n'eſt pas la ſeule que M. Dorat ait eue avec Racine ; ce dernier, d'après les conſeils de ſes amis, ne fit point imprimer ſa piece. Voici l'avant ſcène de celle de M. Dorat.

La Princeſſe Philoclée eſt née en Afrique, on ne dit pas dans quelle Ville. Une nuit, ſes ſujets rébelles entrent dans le Palais du Roi ſon pere, le maſſacrent, ainſi que ſa mere, & l'uſurpateur, qui eſt à leur tête, monte sur le Trône à leur place. Philoclée échappe aux fureurs de ce dernier, graces aux soins d'une main vigilante & protectrice ; elle est conduite à Micène, où on lui donne un asyle, & où l'on prend soin de son enfance. A Micène un jeune Grec, connu déja par de brillans exploits, paroît s'intéresser vivement aux malheurs de Philoclée, il la suit sans cesse aux Autels. Un jour après avoir été victorieux dans un Cirque public, il s'avance vers elle, dépose à ses pieds ses couronnes, & lui jure de la venger, & de la faire remonter sur le Trône de ses peres. Les habitans de Micène, instruits du rang & des malheurs de Philoclée, secondent les projets du jeune héros ; on lui fournit des soldats, des armes, des vaisseaux, il s'embarque avec Philoclée, & fait voile pour l'Afrique. A peine il est en mer, que des Pirates très-aguerris fondent sur lui ; le combat s'engage, Philoclée est prise, & le jeune héros disparoît. Ces Pirates sont les sujets de Zoramis, Roi de Crète ; Philoclée est emmenée chez ce dernier, où elle eſt captive depuis ſix mois ; elle y déplore ſans ceſſe la perte du jeune héros, qui devoit lui faire reſtituer ſes États, & ne trouve de véritable conſolation que dans le commerce d'un vieillard reſpectable nommé Théoſiris, lequel a pour elle l'amitié tendre & déſintéreſſée d'un pere. Ce vieillard eſt le conſeil & l'ami de Zoramis qui, inſtruit de ſa ſageſſe, s'eſt repoſé ſur lui du ſoin de gouverner ſon Royaume. Le vieillard, quoique moins malheureux que Philoclée, a cependant été en butte aux coups du ſort. Né dans l'Elide d'une famille illuſtre, il a long-tems éxercé à la Cour un des premiers emplois ; mais ſa franchiſe, & l'habitude dangéreuſe qu'il avoit de dire la vérité aux Rois, lui ayant fait beaucoup d'ennemis, il a été obligé, pour éviter leur pourſuite, de ſe bannir lui-même de ſa patrie, ſous le nom de Théoſiris, qui n'eſt pas le ſien. Avant de partir, il a laiſſé ſon fils unique & très-jeune encore entre les mains d'un ami fidele : on verra dans la ſuite de cet extrait ce que ce fils eſt devenu. Le fond de la ſcène repréſente la mer qu'on apperçoit à travers des rochers. Sur les colonnes du palais, d'une architecture barbare, sont arborés des drapeaux & des trophées d'armes. On voit dans l'éloignement une tour & des boulevards fortifiés. Il fait à peine jour, Philoclée ouvre la scène avec Palmis, sa confidente, elle déplore la perte de *Thermodene* (c'est le nom du jeune héros qui s'est déclaré son appui) depuis le tems qu'elle est captive à la Cour de Zoramis, elle n'a point entendu parler de lui, elle le croit mort, ses regrets & ses larmes annoncent qu'elle l'aime, & qu'elle a pour lui plus que de la reconnoissance; sa confidente lui laisse entrevoir qu'elle craint bien que Zoramis, que son vainqueur ne soit amoureux d'elle, ce soupçon indigne Philoclée, elle hait Zoramis, & sa flamme lui seroit insupportable: la confidente lui conseille de voir Théosiris & de le consulter; il arrive en ce moment, Philoclée lui demande quel homme est Zoramis, le vieillard lui en fait le portrait suivant.

Endurci

Endurci par la guerre,
Il eſt inéxorable, orgueilleux ſanguinaire.
Dans ſon ame pourtant, à travers ſa hauteur,
J'ai ſouvent démêlé, quelque trait de grandeur :
La lâcheté l'indigne & la feinte le bleſſe.
Il ſauroit ſe punir d'un inſtant de foibleſſe;
C'eſt par là qu'il m'enchaîne, & quelquefois j'ai cru
Que l'héroiſme en lui produiroit la vertu.
De l'Egypte long-tems, il occupa le trône;
Mais Séſoſtris enfin lui ravit la couronne.
Ce revers éclatant, cet affront immortel,
Vit au fond de ſon cœur, & le rend plus cruel.
Reportant ſes regards vers ces plaines fécondes,
Que le Nil enrichit du tréſor de ſes ondes,
Il faut que par ſon peuple à regret ſecondé,
Il ſoutienne un Etat que la haine a fondé.
Les vaiſſeaux vers ces bords pouſſés par la tempête
Attaqués par les ſiens, deviennent ſa conquête :
Le naufrage & la mort ſervent à ſes deſſeins;
Il ſait mettre à profit les malheurs des humains :
Il hait, combat, triomphe & plein de ſon outrage,
Juſqu'à l'amitié même, en lui tout eſt ſauvage.

Ce caractere, comme on le voit, eſt un mêlange de vices & de vertus & tel à peu près qu'Ariſtote le deſire. Théoſiris pourſuit, il raconte à Philoclée tout ce qu'on vient de voir dans l'avant ſcène ; comment il a été obligé de s'exiler de ſa patrie, & de confier aux ſoins d'un ami ſon fils *tendre & frele eſpérance.* Philoclée lui apprend à ſon tour comment elle a perdu ſes parens & ſon trône, comment ce jeune Grec avoit formé le projet de la venger, comment ce projet échoua, &c. &c. Après cette double confidence Zoramis paroît, ſuivi d'une eſcorte nombreuſe, Philoclée l'évite, il reſte avec Théoſiris; il a appris que l'Egyptien veut tenter contre lui de nouveaux efforts, il jure de le repouſſer & exale ſon courroux de la ſorte.

Périſſent à jamais, ces monumens hautains
Qui portent juſqu'au Ciel le néant des humains,
Pompeuſe ſépulture, où la mort ſemble fiere
D'enſevelir cent Rois dans la même pouſſiere,
Et ne laiſſe percer quelques pâles lueurs,
Que pour en éclairer le débris des grandeurs.
Non, non, Memphis n'eſt plus qu'un ſéjour de
mollieſſe,
Où l'erreur uſurpa le nom de la ſageſſe,
Où l'homme aveugle & bas inſulte à l'Éternel,
Par le culte d'un Dieu qui mugit ſur l'Autel.

Les vers de cette imprécation ſont fort

beaux, & le dernier ſur-tout nous paroît ſublime. La Tragédie de *Zoramis* eſt pleine de morceaux de cette force, & l'on ne tarderoit pas à le voir, ſi les bornes d'un extrait ne nous empêchoient pas de les citer tous. Zoramis congédie ſa ſuite & reſte ſeul avec Théoſiris, il lui raconte un ſonge qu'il a fait la nuit précédente ; ce ſonge reſſemble pour le fonds à tous ceux des Tragédies faites & à faire, il a des rapports marqués avec l'action de la piece, il eſt bien ſombre, bien terrible, bien merveilleux, mais par le ſtyle, il reſſemble à peu d'autres ; & s'il eſt vrai que dans chaque Tragédie il faille un ſonge, nous ne croyons pas qu'on doive proſcrire celui là. Zoramis rappelle enſuite cette nuit déſaſtreuſe où

Philoclée en pleurs étonna ſes regards
Au milieu des flambeaux, des débris des poignards.

Il avoue enfin qu'il aime cette Princeſſe & qu'il a fait de vains efforts pour ſurmonter cet amour. Le vieillard l'exhorte vivement à étouffer un feu qui peut lui être funeſte, lorſqu'on vient annoncer au

Roi qu'un Envoyé de Memphis lui fait demander audience. Le Roi répond qu'il le verra, sort, en demandant des nouvelles de Philoclée, & ainsi finit le premier Acte.

ACTE II.

On a vu dans le premier Acte, que Théosiris, avant de partir de l'Élide, avoit confié son fils à un ami sincere (le nom de cet ami est Pasiclés) il a répondu à l'attente de Théosiris, il a donné à ce fils chéri, une éducation distinguée : ce fils est Thermodene, le même qui s'est armé en faveur de Philoclée. Graces au crédit & aux soins de Pasiclés il a été introduit à la Cour de Memphis, où sa réputation l'avoit précédé, il a plu au Roi Sésostris, il a obtenu sa confiance, & c'est lui qui, en qualité d'Ambassadeur de Sésostris, vient demander une audience au Roi de Crete. Thermodene est cet Envoyé dont on a parlé à la fin du premier Acte. Il arrive à la Cour de Zoramis, il y rencontre Idamas qu'il n'avoit pas vu depuis quatre ans, lequel Idamas *déteste Zoramis & sert sous ses dra-*

peaux, il lui raconte comment à l'aide de Pasiclés il est devenu Ambassadeur de Sésostris; il lui dit qu'il a laissé Pasiclés, non loin de là avec une flotte nombreuse, & que si Zoramis refuse ce qu'on lui demande, il sera accablé. Mais un soin plus touchant & plus tendre l'a amené en Crete, il désire, il espere y retrouver Philoclée son amante, qui lui a été ravie au sein des mers, & qu'il a vue prête d'expirer sous le fer du redoutable Zoramis. Idamas lui apprend que sa maîtresse respire encore, il s'évanouit de joie, le confident ajoute qu'elle doit épouser le tyran. Thermodene s'écrie:

Leur himen? Zoramis auroit touché son cœur,
Non, crois-moi, Philoclée à ces nœuds en horreur,
Si tu savois, ami, combien son ame est belle:
Tout jusqu'à mes revers, est un lien pour elle.
Le doute est un affront....

Il ajoute que rien ne peut rendre Philoclée infidele, qu'il est sûr d'être toujours aimé, & cependant Zoramis paroît. Sa scène avec Thermodene, est une des mieux écrites de la piece, & nous allons la citer.

THERMODENE.

Ceint de triftes lauriers, dans le fang moiffonnés,
Senfible aux cris plaintifs de tant d'infortunés,
Que le meurtre fatigue, ou que le glaive immole,
Sans qu'il refte à leurs fils d'efpoir qui les confole,
Séfoftris, ce Monarque ami de fes fujets,
Vous propofe un accord, & vous offre la paix.
Vous lui rendrez, Seigneur, fi l'offre peut vous plaire,
Ses places & fes ports enlevés par la guerre:
Vos vaiffeaux, vos captifs, tout vous fera remis,
Et ce grand Roi tiendra ce qu'il aura promis.
Ofez lui difputer, quand fa foi vous feconde,
Le titre glorieux de bienfaiteur du monde.

ZORAMIS.

Ce titre eft beau, fans doute, & plait à ma fierté,
Mais comment puis-je croire à la foi du traité,
Aux vœux de Séfoftris? s'il veut pofer l'épée,
Et maintenir en paix fa grandeur ufurpée,
Pourquoi tous ces vaiffeaux qui tournez vers nos bords
Rempliffent à mes yeux l'enceinte de vos ports.

THERMODENE.

Et furquoi voulez-vous que fon cœur fe repofe!
Toujours à fes deffeins, votre haine s'oppofe;
Toujours.....

ZORAMIS.

Je vous entends. De preſſans intérêts
De Séſoſtris ailleurs détournent les projets,
Tandis qu'une autre guerre occupera ſes armes,
Je peux dans ſes états ramener les alarmes,
Voilà tout ce qu'il craint; & pour mieux me trahir,
Dans un calme trompeur il voudroit m'aſſoupir:
Mais ſa prudence en vain fait prévoir les orages.
La Crête à des Soldats, ſi l'Égypte à des Sages

THERMODENE.

Souvent la politique eſt l'art des Rois cruels;
Elle eſt, dans Séſoſtris, l'art d'unir les mortels.

ZORAMIS.

Eh bien! que ſon retour ſoit feint, ou ſoit ſincere,
Je veux d'autres garans de l'accord qu'il veut faire.
De l'altiere Memphis qu'il détruiſe le port;
Sur le Nil, à mon choix, qu'il m'abandonne un fort,
A ce que j'ai conquis que ceſſant de prétendre,
Il ne demande rien à qui ne veut rien rendre,
Et que mon pavillon déſormais reſpecté,
Domine ſur les mers & flotte en liberté;
Je ſouſcrirai pour lors à la paix qu'il déſire.

THERMODENE.

Y mettre un pareil prix, ce n'eſt pas y ſouſcrire.

Vous avez vos projets ; Séſoſtris à les ſiens :
Je crains que ſes refus.....

ZORAMIS.

Annoncez-lui les miens,
Partez.

THERMODENE.

Cette rigueur, qu'attendoit peu mon Maître,
Trop prompte à s'expliquer, s'adoucira peut-être.
Sur ces grands intérêts lorſqu'il faut prononcer,
Plus à loiſir, Seigneur, je vous laiſſe y penſer.
Ce jour encor, ſouffrez qu'en ces lieux je demeure,
Et votre deſſein pris, je m'éloigne ſur l'heure.
Quel qu'il ſoit, j'attendrai, prêt à m'y conformer,
Que de vos derniers vœux vous daigniez m'informer.

Thermodene s'éloigne en effet. Théoſiris reſte ſeul avec ſon Roi, & lui adreſſe le couplet ſuivant, rempli d'éloquence de philoſophie & de fermeté.

Eh bien, cruel, contentez votre envie
Rendez-moi douloureux les reſtes de ma vie,
Pourſuivez ; de vos mains embrâſez vos états ;
Par d'éternels travaux conſumez vos Soldats ;
Des cœurs las de ſouffrir aigriſſez les murmures ;
Au lieu de les fermer, déchirez leurs bleſſures ;
Et vous-même, en ces lieux appellant le danger,
Perdez ce peuple & vous, en croyant vous venger

Je n'applaudirai point à ces affreux ravages.
Si vous avez juré de troubler ces rivages,
Moi, j'ai fait le ſerment dans le fond de mon cœur,
D'être l'ami des Rois, & non pas leur flatteur;
De n'altérer jamais ce langage ſevere,
Fait pour leur être utile, & non pas pour leur plaire.
Eh! quel ſeroit le ſort des peuples malheureux,
Si nos pleurs quelquefois n'oſoient parler pour eux?
Et ne reclamoient point juſques aux pieds du Trône,
Ces droits qu'en gémiſſant leur foibleſſe abandonne?
Accablez moi, Seigneur, de tout votre courroux,
Ecraſé ſous vos pieds, expirant ſous vos coups,
D'une mourante voix, je vous dirais encore
Que par la haine aveugle un Roi ſe déshonore,
Et mon dernier ſoupir, condamnant vos deſſeins,
Serviroit malgré vous au bonheur des humains.

Zoramis s'excuſe comme il peut, s'en prend à ſon amour des torts qu'il peut avoir, il a mandé Philoclée, elle arrive, il lui fait ſa déclaration à la maniere des conquérans, c'eſt-à-dire d'un ton moitié bruſque, moitié poli, d'un ton, où regnent tour-à-tour la fierté, la tendreſſe, les ménaces

& la priere ; il commande, il supplie, il soupire, il exige ; la Princesse lui répond comme elle doit : Zoramis insiste, la Princesse rejette toujours ses vœux ; le Roi se retire avec assez de courroux, mais non pas sans quelque espoir. Théosiris qui s'étoit retiré, peut-être par respect, reparoît : Philoclée lui témoigne combien elle a souffert de l'aveu du Roi, combien il est impossible qu'elle réponde à sa flamme, elle aime, elle sera fidele à son Amant quoiqu'il ne soit plus (nous avons dit qu'elle le croyoit mort), elle sera fidele à son ombre, à l'ombre de Thermodene. A ce nom de Thermodene, le vieillard lui fait différentes questions, les réponses de Philoclée l'éclairent de plus en plus ; l'amant que vous pleurez, s'écrie-t-il, étoit mon fils. Cette découverte redouble les malheurs de Théosiris, & n'adoucit point ceux de Philoclée ; unis par l'infortune, le pere & l'amante jurent de s'estimer toujours, & de se défendre contre l'ennemi commun : ils sortent.

ACTE III.

Nous avons dit que le fond du Théatre représentoit la mer, Philoclée, que rien n'a désabusé encore sur le sort de son amant, se promene au bord de cet élément redoutable, elle rappelle en peu de mots tous ses malheurs, se reproche sur-tout d'avoir ajouté à ceux de Théosiris, en lui apprenant que son fils n'étoit plus, & lasse du jour, impatiente de rejoindre celui qu'elle aime, elle va se précipiter dans l'onde. Tout-à-coup Thermodene paroît à ses yeux, d'abord elle le prend pour son ombre, sûre enfin que c'est lui-même, elle s'abandonne à la joie. Thermodene, que la tempête avoit poussé vers l'Égypte, raconte à sa maîtresse comment, ayant gagné la confiance de Sésostris, ce Roi l'a choisi pour Ambassadeur, & comment, par les soins d'Idamas, il est parvenu à s'introduire auprès d'elle. Philoclée l'écoute avec le plus vif intérêt, lui répond les choses les plus tendres & lui apprend qu'*Eumene* vit, *Eumene* est le véritable nom de *Théosiris*, c'eſt celui qu'il portoit en Elide avant ſa diſgrace. Thermodene enchanté de retrouver ſon pere & ſa maîtreſſe, s'apprête à ſortir pour aller embraſſer le premier. Il arrive lui-même, il vient de la part du Roi ordonner à Thermodene de ſe retirer : Philoclée lui annonce que Thermodene, que cet Ambaſſadeur du Roi d'Égypte, eſt ſon fils ; qu'on juge de la joie de ce vieillard ; il embraſſe ſon enfant, qui l'embraſſe à ſon tour. Mais Philoclée, Thermodene & ſon pere, ſont dans le plus grand danger : ce dernier dit aux deux autres.

Que ſeroit-ce ? grands Dieux
Si Zoramis alloit vous ſurprendre en ces lieux,
Nous périſſons tous trois, ſi ſon cœur nous ſoupçonne.

Ce moment eſt le plus doux & le plus cruel de leur vie ; à peine ils ſe retrouvent qu'ils ſont obligés de ſe ſéparer. Cependant Zoramis qui eſt naturellement défiant, & qu'on a aigri d'ailleurs par un avis ſecret, arrive ſur la ſcène, témoigne ſa ſurpriſe à Thermodene de ce qu'il n'eſt point parti, & lui ordonne de nouveau de ſe retirer. Il reste seul avec son Ministre, il feint d'avoir dompté son amour pour Philoclée, & lui en fait l'aveu ; le vieillard applaudit à ce triomphe & en félicite son Souverain : ce dernier cependant laisse entrevoir au vieillard des soupçons qui l'offensent, & voici comment Théosiris se justifie.

Soixante ans d'infortune accumulés sur moi
Aux yeux de l'univers, ont consacré ma foi.
Dès mes plus jeunes ans, mon ardeur pour mes maîtres,
Mes yeux toujours ouverts sur les complots des traîtres,
Cent malheureux ravis au glaive des tyrans,
Tels ont été mes soins, & voilà mes garans.
Aux brigues, il se peut qu'à la fin je succombe ;
Mais un rayon sacré partiroit de ma tombe,
Pour dessiller les yeux qui m'auroient mal jugé.
L'ami de la vertu par les Dieux est vengé ;
Son nom seul le défend, il terrasse l'envie ;
Sa mort enfin l'absout, en éclairant sa vie,
Et bénissant son nom, les peuples en secret
Gardent le souvenir du bien qu'il leur a fait.
Oui, oui, si près de vous, pour comble d'imposture,
L'envie osoit noircir une ame ouverte & pure,
J'oserois attester, pour unique soutien,

La fureur des méchans, le vœu des citoyens;
Ce cœur que fit saigner, au sein de ma patrie,
Le poignard de la haine & de la calomnie;
Les Dieux, l'humanité, vous-même.... dont la voix
Démentiroit l'erreur qui m'eut ôté mes droits.
Opprimé, condamné sous la main meurtriere,
Terminant les ennuis de ma longue carriere,
A mon accusateur devant moi confondu,
J'opposerois ma vie & j'aurois répondu.

Cette tirade nous paroît la plus belle de la piece, elle fait peu d'impression sur l'ame de Zoramis, qui toujours inquiet & soupçonneux, sort, en recommandant à Théosiris de veiller sur-tout ce qui se passe: le Ministre sort quelques momens après lui.

ACTE IV.

Thermodene n'a point souscrit aux volontés de Zoramis, il n'est point parti, il est revenu trouver son pere par un sentier secret, il a à ses ordres un gros d'Égyptiens qui l'attend près du palais, il propose au vieillard de fuir avec Philoclée, de quitter un séjour détesté, Théosiris le refuse, il craint que cette fuite ne redouble leurs communs dangers, il exhorte son fils, au contraire, à s'éloigner le plutôt possible, après un combat assez long, Thermodene obéit, il s'éloigne. Zoramis instruit de ces délais qui l'irritent de plus en plus, rentre sur la scène, il ordonne de nouveau qu'on éloigne Thermodene, il craint que cet Envoyé ne soit son rival; il s'emporte, il menace, il rugit, il se livre à toutes ses fureurs, le vieillard les réprime le mieux qu'il peut. Thermutis, Capitaine des Gardes de Zoramis, vient annoncer que Thermodene est aux fers, on l'a entendu, on l'a entrevu même dans l'ombre de la nuit s'avancer vers le palais, suivi d'une escorte, le nom de Philoclée échappoit de sa bouche, il avoit sur elle quelque projet criminel; on l'a attaqué, il s'est défendu long-tems avec courage, mais enfin, accablé par le nombre, il a été obligé de céder. On juge des tourmens de Théosiris présent à cette narration. Zoramis ordonne qu'on lui amene sa captive & l'audacieux Thermodene, l'un & l'autre paroissent, chacun par un côté du Théatre, Zoramis, en les obſervant tous deux, découvre facilement qu'ils s'aiment & qu'il eſt trahi, il ne garde plus aucun ménagement ; l'autel eſt prêt, dit-il à Philoclée, venez & la Crete vous nomme ſa Reine : Philoclée le refuſe avec mépris & indignation, & Thermodene ajoute :

De quel droit oſes-tu
Sous ton indigne joug, accabler ſa vertu ?
Va, le ſort la placée, alors qu'il l'a fit naître,
Au-deſſus de tes dons, & de ton rang peut-être.
Tu lui parle d'un Trône, & ce Trône eſt le tien.
N'attendant, ne voulant de Sceptre que le ſien,
Elle te dit par moi : « Faite pour la Couronne,
» Je veux qu'on me la rende, & non qu'on me l'a
» donne.
» Garde tes vils préſens ; ils m'outragent : dans
» moi
» Reſpecte ton égale & la fille d'un Roi.

Zoramis furieux ordonne le ſupplice de Thermodene. *Fais donc avant*, s'écrie Théoſiris, *fais donc avant aſſaſſiner ſon pere.* Zoramis indigné autant que ſurpris que Théoſiris ſoit d'intelligence avec ſon ennemi

ennemi & son rival, éprouve un accès de rage, elle est cependant modérée par les discours du vieillard, & par Philoclée; il suspend le trépas de son Rival & de son Ministre, les fait sortir de sa présence, & se contente de leur ôter leur liberté. Seul avec Philoclée, il met en usage tous les moyens qu'il peut imaginer pour la fléchir, elle reste inébranlable, & préfére la mort à la main de Zoramis. Au moment que celui-ci, ne se connoissant plus, pousse les derniers hurlemens du désespoir, Thermutis arrive & lui donne l'avis suivant.

D'un assaut imprévu redoutez les approches,
Entendez-vous les cris répétés dans ces roches?
Les ennemis, Seigneur, occupent l'autre bord,
Et leur clameur soudaine a volé j'usqu'au port.
Aux premieres clartés de l'aurore naissante,
Nous avons découvert leur flotte menaçante.
Ami de Thermodene, Idamas qui le sert,
Chargé d'avis secrets, les rejoint & nous perd.
Non, l'Egypte jamais, fiere de sa fortune,
Sous tant de pavillons n'a fait gémir Neptune;
Leur orgueil par les vents semble être protégé,
Et dans une heure enfin, vous êtes assiégé.

Zoramis que rien n'épouvante, met le ſabre à la main, ſort avec ſa garde, & ordonne que Philoclée ſoit conduite à la tour.

ACTE V.

Le Théatre repréſente un cachot horrible en forme de caverne, on voit ſur l'un des côtés un roc enfoncé, au pied de ce roc eſt aſſis Théoſiris enchaîné, Thermodene paroît furieux & parcourt la ſcène avec la plus vive agitation. Nous allons citer en entier la premiere ſcène de ce cinquiéme acte, & rien n'eſt plus digne de l'attention de nos Lecteurs.

THÉOSIRIS.

De quel ardent courroux, ton ame eſt conſumée!
La mienne s'affermit plus elle eſt opprimée.

THERMODENE *ne ſe poſſédant plus.*

Mon pere!... il eſt des Dieux, & pour dernier revers,
Ce ſejour vous renferme, & vous portez des fers!
Et Zoramis reſpire! ô déſeſpoir! ô rage!
Vos jours ſi précieux ſont en butte à l'outrage!

Que devient Philoclée ? on enchaîne ſes pas,
Sous d'infâmes liens elle attend le trépas.
Le trépas ! Philoclée ! & c'eſt là ton partage !...
Princeſſe infortunée !... exécrable rivage !
Il faudra donc loin d'elle expirer en ces lieux,
Et voilà le vengeur que lui gardoient les cieux.

THÉOSIRIS.

O toi, dont les vertus, noble & brillant préſage,
D'un digne Succeſſeur m'offrent déja l'image,
De ma conſtance, ici, fidele imitateur,
Supporte tes revers, & commande à ton cœur.

THERMODENE.

Quand des Dieux inhumains !...

THÉOSIRIS.

Étouffe ce murmure.

THERMODENE, *avec une ſorte d'emportement.*

Etouffez donc en moi le cri de la nature.

THÉOSIRIS, *avec calme.*

Celui du déſeſpoir : il eſt peint dans tes yeux.
Le croira-t-on ! eh quoi ! dans ce jour, en ces lieux,

C'eſt-moi, c'eſt un mortel appéſanti par l'âge,
Qui t'égale en malheur & te paſſe en courage!

THERMODENE, *verſant des pleurs de rage.*

Ah! je n'ai point celui de voir, ſans m'indigner,
Cet antre, ce ſépulchre où l'on vous fit traîner;
Je n'ai point le pouvoir de retenir mes larmes,
Lorſque de Philoclée on m'enleve les charmes;
Je ne m'endurcis point contre de tels objets.
Je chéris vos vertus, j'adore ſes attraits;
Je vous pleure tous deux... eh! pourquoi m'en défendre?
Il n'eſt rien que pour vous je n'oſaſſe entreprendre:
Ciel! faut-il que mon bras languiſſe inanimé,
Quand d'un glaive vengeur il devroit être armé?
Quand Zoramis dompté par ces mains qu'il enchaîne,
Devroit, en expirant, ſatisfaire à ma haine?
Elle eſt juſte.... ah! du moins qu'il briſe vos liens,
Qu'il finiſſe vos maux, je ſouffrirai les miens;
Mais je ne ſouffre point ſans trouble & ſans colere,
L'eſclavage odieux d'une Amante & d'un Pere...
Quel bonheur d'obéir à ſes reſſentimens!
Qu'on doit ſentir de joie à frapper ſes tyrans!

THÉOSIRIS.

Tremble de te livrer aux tranſports de ton zèle:

Une ame impétueuse est bientôt criminelle.

(*Le serrant dans ses bras*)

Viens, écoute un ami. Depuis que je suis né,
Poursuivi, dépendant, à souffrir condamné,
J'ai de mes passions dompté la violence:
Tout résiste à la fougue & céde à la constance.
Poussé de piége en piége & d'écueil en écueil,
J'appris de l'infortune à surmonter l'orgueil.
Ne crois pas cependant que jamais la misere,
Ait sous son joug honteux courbé mon caractère.
Défendre l'opprimé fut ma plus sainte Loi,
Et par humanité, j'ai vieilli près d'un Roi.
Dans les camps, dans les Cours, dans ce sauvage asyle,
Si j'ai plié, ce fut dans l'espoir d'être utile.
Vas, parmi les mortels que j'ai su trop chérir,
J'ai vu qu'il faut céder, quand on veut les servir;
J'ai vu qu'une ame altiere, infléxible & rébelle,
Aigrit sa destinée, en s'irritant contre elle;
Et j'éprouvai toujours, qu'espérant tout du tems,
On triomphe de soi, du sort & des tyrans.
Jeune, ardent & trompé, que ton ame se fie,
Aux conseils d'un vieillard qui va quitter la vie;
Sur cette mer terrible, où je fus agité,
Je veux servir de guide à ta témérité;
Je veux, en échouant, prévenir ton naufrage.
Songe que, pour trésor, pour unique héritage,

Je ne puis te laisser, grace à mes oppresseurs,
Que mon expérience, & sur-tout mes malheurs.

THERMODENE.

Ah! pour le cœur d'un fils, leçon chere & sacrée!
De tout ce que j'entends mon ame est pénétrée...
Vous, malheureux!... qui? Vous, finir dans ces cachots
Soixante ans de vertus, d'honneur & de travaux!
Le Ciel qui fit en vous un présent à la terre,
Est-il jaloux du bien que vous pouviez lui faire?
Si de la bienséance, il mit en vous l'attrait,
Pourquoi, par le malheur, en détruit-il l'effet!

THÉOSIRIS.

Il ne l'a point détruit: par ma persévérance,
J'ai fait quelques heureux; ils sont ma récompense.

THERMODENE.

Que votre calme auguste ajoute à mes fureurs!

(Se jettant dans les bras de son Pere.)

Cachez dans votre sein, mon courroux & mes pleurs.
Quel mortel, où quel Dieu calmera mes alarmes?
Qui brisera mes fers? qui me rendra des armes?

Mais, quoi ! quel bruit ſoudain fait retentir ces
lieux ?
Il redouble : on approche. Eſt-il vrai ! juſtes
cieux ?

(*Appercevant Idamas.*)

N'en pouvant plus douter, j'oſe à peine le croire.

THERMODENE A IDAMAS.

Qui t'amène ?

IDAMAS.

Le zele armé par la Victoire.

THÉOSIRIS A THERMODENE.

Accuſe encor les Dieux.

Nous avons déja dit que Paſiclès étoit reſté ſur la mer avec une flotte aſſez nombreuſe, Idamas vient annoncer aux deux priſonniers que l'ayant rejoint ſur la mer, ils ont attaqué Zoramis, que ce dernier après s'être long-tems défendu avec beaucoup de courage a été pouſſé & reſſerré contre des rochers dans un défilé fort étroit, que là il a diſparu ſous une voûte ſouterreine, & que peut-être il s'eſt donné la mort. Thermodene que cette nouvelle encourage, reçoit des armes des mains d'Idamas, confie ſon pere à une garde nombreuſe, & vole au ſecours de Philoclée. A peine il eſt ſorti, que Zoramis pâle, échevelé, ſanglant, ſort d'un ſouterrein pratiqué dans la caverne par une ouverture qu'il ſe fait, en écartant quelques débris de rochers, il lui reſte un poignard dont il compte faire le plus terrible uſage; il cherche des yeux Thermodene, ſon vieux Miniſtre lui apprend que Thermodene eſt libre; il eſt plus furieux que jamais en voyant que ſon rival lui eſt échappé, toutefois il ſe conſole un peu en ſongeant que Philoclée, dont il a ordonné le trépas, l'a reçu en effet: il ſe trompe, Philoclée n'eſt point morte, elle a été délivrée. Elle arrive dans le ſouterrein avec Thermodene, celui-ci ordonne à ſes ſoldats de le délivrer d'un monſtre: arrêtez, arrêtez, s'écrie le vieillard en ſe jettant entre les ſoldats & Zoramis, & en faiſant de ſon corps un rampart à ce dernier.

Arrêtez, malgré ſa furie
Il fut mon bienfaiteur, je défendrai ſa vie.

Thermodene eſt vainqueur, Philoclée reſpire encore, Zoramis eſt vaincu, il perd ſa maîtreſſe & ſon empire : frappé de tant de coups imprévus, il ſe tue, & c'eſt le ſeul parti qu'il dut prendre. Théoſiris, Thermodene & Philoclée, ſont unis, libres & heureux. Le ſujet de cette piece eſt un peu romaneſque, elle reſſemble un peu trop à beaucoup d'autres ; mais il y a des beautés de détail qu'il eſt impoſſible de ne pas admirer; lorſque Philoclée dit au vieux Miniſtre que Thermodene eſt ſon fils, lorſque ce vieillard le reconnoît, l'embraſſe & eſt obligé de s'en ſéparer au moment même où il a le plus de plaiſir à le voir, il eſt impoſſible de ne pas fondre en larmes : cette ſituation eſt vraiment Tragique, & les ennemis même de M. Dorat (ſuppoſé qu'il en ait encore) ſeront obligés d'en convenir. Ils ne pourront pas nier non plus que la premiere ſcène du cinquieme acte ne ſoit une des plus belles qu'il y ait au Théatre, & que tous les morceaux que nous avons cités ne ſoient écrits avec la couleur qui convient au ſujet. M. Dorat avoit déja donné une Tragédie de *Théagène* & *Chariclée* ; Mais elle reſſembloit peu à *Zoramis*, quoiqu'elle fut la même pour le fonds.

M. Dorat aimoit paſſionément la Tragédie, ſon projet même étoit, il nous l'a dit ſouvent, de ne plus s'exercer que dans ce genre. On lui a conſtamment refuſé les talens qu'il exige, rien n'eſt plus injuſte, mais rien n'eſt moins étonnant, la grace s'allie rarement avec l'énergie ; Dorat avoit tant montré de la premiere qu'il falloit bien le croire incapable de la ſeconde, & après tout il n'y avoit pas grand mal à cela, cette impuiſſance prétendue de réuſſir dans pluſieurs genres, eſt la ſeule conſolation qui reſte à l'envie, & ne faut-il pas lui en laiſſer quelqu'une ? On donnoit un jour *Adélaïde de Hongrie*, nous entendîmes un homme, au ſortir de cette piece, dire que Dorat ne faiſoit bien que des vers de ſociété, & les yeux de cet homme étoient encore humides des larmes que le cinquieme acte de cette Tragédie lui avoit fait répandre. Nous obſerverons, au ſujet de cette piece, que quoique le fonds en ait paru trop romaneſque, il eſt impoſſible de la lire ou de la voir repréſenter ſans éprouver l'attendriſſement le plus vrai. Dorat, a-t-on dit, en avoit puiſé le ſujet dans un Conte de Fée; & qu'importe la ſource où l'on puiſe, ſi l'on fait diſparoître le merveilleux ſous un air de vraiſemblance qui en impoſe au point d'arracher des pleurs au ſpectateur ſenſible? Les Tragédies faites d'après quelque trait de la Fable ont-elles une ſource plus digne de vénération? La Fable n'eſt-elle pas une ſuite d'Hiſtoriettes plus incroyables quelquefois que toutes celles de la Bibliothéque Bleue? Les gens qui ne s'attendriſſent qu'aux pieces compoſées exactement d'après les régles du Théatre, rappellent le mot de ce Payſan qui aſſiſtant à un Sermon touchant où tout le monde pleuroit excepté lui, & interrogé pourquoi il ne pleuroit pas, répondit : *Je ne ſuis point de la Paroiſſe.* Les régles ſont très-reſpectables ſans doute, mais la poëtique du cœur vaut bien celle d'Ariſtote.

Nous venons de jetter un coup-d'œil rapide ſur les ouvrages importans de M. Dorat : ſa couronne eſt compoſée de lauriers & de fleurs ; & ces derniéres en ſont peut-être le plus bel ornement. Ces fleurs ſont ſes Poéſies fugitives. Elles ſe répandoient d'abord dans la capitale, & de là dans la Province. On les liſoit avec avidité, & au bout d'un certain tems l'Auteur les raſſembloit & les offroit au public ſous un titre quelconque ; c'eſt ainſi qu'il a donné, à différentes époques, *les Fantaiſies*, *les Nouveaux torts*, & le premier volume *du Coup-d'œil ſur la Littérature* : on trouve dans ces trois recueils des piéces de tous les genres. Ces bagatelles ne ſont pas auſſi frivoles que bien des perſonnes le croyent : pluſieurs événemens ſinguliers & remarquables y ſont conſignés en jolis vers, ce qui vaut bien la proſe lourde & monotone des Gazettes ; on y trouve des peintures vraies des mœurs du tems, des modes & des ridicules du jour ; ces paſtels fugitifs, ces croquis légers peuvent ſervir à l'Hiſtorien qui médite de grands tableaux ; & plus encore au moralifte qui obferve l'influence des événemens fur les hommes, & celle des hommes fur les événemens. Dorat, dans ces petits ouvrages, a moins de négligence que Chaulieu; il a plus de précifion que Greffet; plus de traits fins, plus d'efprit que le Cardinal de Bernis; plus d'abandon que Bernard, plus de graces que Defmahis; plus de coloris que Voltaire, & enfin une légéreté qui n'appartient qu'à lui. C'eft-là que fa mufe reffemble à cette Nymphe qui couroit fur les épis fans les courber. Au nom de Voltaire, fi fupérieur dans ce genre, le Lecteur indigné s'eft arrêté peut-être en criant au blafphême. Il a eu tort. Encore une fois nous ne voulons point déshonorer notre ami & nous-mêmes en lui prodiguant des éloges qu'il n'a point mérités; nous ne devons, nous ne voulons être que juftes. Il en eft de fes Poéfies fugitives comme de fes fables: fi Dorat à des qualités qui ne fe trouvent point chez les Auteurs que nous avons nommés, ils en ont qui ne fe trouvent point chez lui. Voltaire fur-tout a toujours plus de précifion & de philofophie. On a reproché à Dorat de traiter ces petits fujets toujours de la même maniere, & par conféquent d'être monotone. Ce reproche n'eft pas fondé. Il eft vrai qu'il a prefque toujours le coloris brillant de Properce, mais la fcélérateffe aimable de Catulle a regné dans fes premiers écrits en ce genre, & la tendreffe de Tibulle a refpiré dans les derniers. C'eft une autre Délie qui a caufé cette révolution ; &, s'il faut en croire les vers fuivans, cette moderne Délie, que nous ne connoiffons pas, étoit bien plus intéreffante que l'ancienne. Il eft bien peu de femmes à qui l'on puiffe dire ce qui fuit :

Qu'un Auteur ordinaire efface,
Il fait très-bien affurément,
Mais toi, dont l'amour fuit la trace ;
Toi qu'infpire ce Dieu charmant,
Ufe du moins bien fobrement
Du confeil épineux d'Horace,
Délie, efface rarement,
De peur d'enlever une grace
Ou de rayer un fentiment.

Lorſque Dorat écrit à des femmes de Théatre, célèbres par leurs attraits & leurs talens; *à ces femmes de bien qui ſont*, comme il le dit lui-même :

Qui ſont du célibat en France
Et la reſſource & le ſoutien.

Il prend avec elles un ton leſte & cavalier qui n'eſt point celui d'un jeune Mouſquetaire, comme on l'a prétendu, mais celui d'un homme qui a vécu dans le monde, qui l'a obſervé, qui connoît la meſure des choſes & ne la paſſe jamais ; qui paroît avoir la certitude de ne pas déplaire, lors même qu'il eſt un peu inſolent. Lorſqu'il parle à ces femmes de leurs maris ou de leurs amans, c'eſt ſans le moindre égard, ſans le moindre intérêt pour les malheurs auxquels ils ſont ſujets. Mais qu'on liſe toutes les piéces qu'il a adreſſées à Délie, on verra qu'il y prend un ton abſolument différent ; c'eſt celui du reſpect, du ſentiment le plus vrai & le plus tendre : il y déplore même ſes infidélités ; il ſe repent,

& n'a point l'air d'un faux converti. Ces légeres obſervations ſuffiſent pour montrer l'injuſtice du reproche qu'on lui fait. Eſt-ce être monotone que de peindre également bien l'amour conſtant & l'amour fripon?

On a dit quelque part que *les derniers Ouvrages de M. Dorat ſe reſſentoient d'un phyſique qui ſe détruiſoit tous les jours.* Ce reproche n'eſt pas plus fondé que le précédent, nous allons donner une preuve du contraire en tranſcrivant ici l'Épître à la Variété.

ÉPITRE A LA VARIÉTÉ.

Jeune Déité que je ſers,
Enchantereſſe au vol agile,
Qui me ſéduis par les éclairs
De ton diadême mobile,
Et, comme Iris, en nuances fertile,
D'une écharpe changeante embraſſes l'Univers;
Toi, qui fens la plaine liquide,
Ou vas t'ouvrir dans l'air des chemins inconnus,
Sur un char rayonnant, diaphane & rapide,
Traîné par les Dragons d'Armide,
Ou les Colombes de Vénus;

De

Variété, c'eſt toi que je prends pour modéle,
De ce Globe embellis l'uniforme tableau ;
Il n'eſt rien à mes yeux, s'il ne ſe renouvelle.
Viens ; de l'ennui même du beau
Sauve ma Muſe qui t'appelle.
Dirige-là ; ton art piquant
Au vrai mariant l'impoſture,
Des écrits, & de la nature,
Eſt le plus aimable ornement.
Étale à mes regards ce vaſe inépuiſable,
Ce dépôt immenſe de fleurs,
Dont ta main ſi légere aſſortit les couleurs,
Leur frêle & vif éclat reſſemble à nos ardeurs.
Tout ce qui plaît n'eſt point durable ;
La roſe du matin, le ſoir, meurt ſur le ſable ;
Les zéphirs ſont charmans, les zéphirs ſont trompeurs ;
J'aime mieux les regrets, qu'un bonheur qui m'accable :
Le vol même du tems emporte ſes rigueurs.
Daphné fuit, Apollon l'implore ;
Le Dieu jouit, même alors qu'il ſe plaint ;
L'amour que l'on pourſuit encore,
Eſt bien plus ſéduiſant que l'amour qu'on atteint.
Pour moi, dans ta riche corbeille,
Vas, je me garderai de jamais faire un choix ;
Chaque fleur ou ſombre ou vermeille
Viendra s'effeuiller ſous mes doigts.

Pour le front de Thalie, ou le ſein de Climene,
Tantôt je cueillerai l'œillet éblouiſſant,
Tantôt du ſouci paliſſant
Je couronnerai Melpomene.
Les larmes ont leur volupté,
Comme le rire à ſon ivreſſe,
Et des indifférens l'importune gaité
Inſulta trop ſouvent à ma douce triſteſſe.
Docile aux mouvemens dont je ſuis agité,
L'abandon eſt la loi qui me conduit ſans ceſſe;
J'ai de l'inſtinct, & point de volonté;
Le projet m'effarouche, & le travail me bleſſe;
Je vais où je ſuis emporté,
C'eſt rarement vers la ſageſſe.
Enfin, mon vol eſt libre autant qu'illimité,
Un ſiecle ne vaut pas l'inſtant qui m'intéreſſe.
Ni gai ni ſenſible à demi,
Aujourd'hui je triomphe aux pieds d'une maîtreſſe,
Je pleurerai demain dans le ſein d'un ami.
Voilà pourquoi, moitié fous, moitié ſages,
Mes écrits ont offert tant de traits différens.
Ces fruits irréguliers de mes loiſirs volages,
Dictés par mes erreurs, ou par mes ſentimens,
Sont des rêves, des jeux, & non pas des ouvrages.
Par ſes illuſions, ſecondant mon attrait,
Une autre Déité, qui t'entraîne à ſa ſuite,
Me donne tous les biens que la raiſon promet:
Le monde enchanté qu'on ſe fait

Vaut bien le monde qu'on habite.
L'imagination partage mes desirs ;
Autour de moi, par vous, la lumiere est plus pure,
En sons mélodieux vous changez mes soupirs.
Pourvu de maux par la nature,
L'homme du moins la trompe, en créant des plaisirs.
La gloire est imposante, & par fois je l'adore,
C'est un nuage coloré
Qu'on embrasse & qui s'évapore,
N'importe ; on est heureux tant qu'on est enivré.
Variété, tels sont les objets que j'encense ;
Ta double étoile au front, ta baguette à la main,
Verse à jamais ton charme souverain
Sur ma fugitive existence,
Et, lorsqu'à mon dernier instant,
J'aurai vu s'envoler le songe de la vie,
Immortel comme toi, que ton prisme éclatant
Me reproduise encor ta brillante féerie,
Dans ce monde invisible, où l'avenir m'attend.

Cette Épître est assurément un des derniers ouvrages de Dorat. Y a-t-il quelque phrase qui se ressente *de la foiblesse d'un physique qui se détruit tous les jours?* Que de graces au contraire ; quelle pureté &

même quelle douce philoſophie dans ces deux vers !

> Le monde enchanté qu'on ſe fait
> Vaut bien le monde qu'on habite.

Les ſuivans ne ſont-ils pas dignes de la Fontaine ?

> Je vais où je ſuis emporté :
> C'eſt rarement vers la ſageſſe.

M. Dorat ſe portoit fort mal, il eſt vrai, lorſqu'il donna ces vers : *ſon phyſique ſe détruiſoit en effet tous les jours*. Mais y a-t-il dans cette piéce quelque choſe qui l'annonce ? Ne pourroit-on pas l'appeller le chant du Cygne ; ainſi que la réponſe qu'il a faite à M. le Chevalier de Cubieres, & qu'on trouvera à la ſuite de cet Éloge ?

Nous ne parlerons point des écrits où l'on prétend que M. Dorat eut l'intention d'attaquer des hommes juſtement célebres. Nous dirons ſeulement, pour l'excuſer, que puiſqu'il n'y a nommé perſonne, il n'eſt pas abſolument prouvé qu'il ait eu cette intention : quoiqu'il en ſoit, nous n'en parlerons point, & nous le pouvons ſans nuire beaucoup à ſa gloire. S'il eut en effet le projet de jouer ces hommes célebres dans une de ſes Comédies, il fut d'autant plus à plaindre qu'aucun d'eux n'a jamais écrit une ligne contre lui ; que parmi ces hommes qu'il croyoit être ſes ennemis, pluſieurs l'apprécioient mieux que perſonne & lui rendoient plus de juſtice que quelques gens qui ſe diſoient ſes amis. M. d'Alembert, entr'autres, nous a dit ſouvent que M. Dorat avoit dix fois le mérite néceſſaire pour être de l'Académie Françoiſe. Eh ! qui pourroit contredire M. d'Alembert ? Tout le monde ſait que Malleville, Pavillon, Benſerade, Voiture, furent de l'Académie Françoiſe ; qu'elle porta même le deuil de ce dernier, & M. Dorat qui valoit mieux que tous ces hommes enſemble, n'auroit pas mérité d'en être ? Ceſſons d'agiter cette queſtion, ſachons pourquoi il n'en fut pas. Né avec une délicateſſe ombrageuſe, chaque fois qu'il avoit un ſuccès, il croyoit que ce ſuccès étoit conteſté par les hommes mêmes dont le ſuffrage y mettoit le ſceau. D'autres hommes d'ailleurs intéreſſés peut-être à ce qu'il ne fut pas de l'Académie, l'aigriſſoient contre ſes véritables Juges. Auſſi crédule que ſenſible, altier tour-à-tour & modeſte, il ajoutoit foi à ces inſinuations perfides : & lorſque dans ſes Préfaces ou dans ſes Épîtres il ſe plaignoit, ſoit avec amertume, ſoit avec raillerie, de ſes prétendus détracteurs, il avoit le malheur de ſe faire de vrais ennemis & d'en combattre d'imaginaires (*).

(*) La ſorte de férocité avec laquelle on s'eſt déchaîné contre M. Dorat après ſa mort, ne juſtifie-t-elle pas cette délicateſſe ombrageuſe que ſes amis lui ont ſouvent reprochée ? Il n'eſt donc plus vrai que l'envie n'attaque que les vivans, elle diſtile ſon fiel ſur la tombe des morts, elle haït des cendres ; elle ne ſe contente pas de reſſembler à ces Vampirs de la Moravie qui ſuçoient le ſang des hommes & en faiſoient des ſquelettes, elle s'aſſied ſur les monumens, en briſe la pierre & ronge les ſquelettes même.

Ce ſiecle a vu naître une foule de Philoſophes, dignes émules des Platon, des Lucien, des Plutarque, des Sénéque, des Montaigne, &c. &c. M. Dorat ſentoit tout le mérite de ces derniers qui ne ſont plus ; il les liſoit avec plaiſir ; il les imitoit même tant qu'il pouvoit ; pluſieurs de ſes écrits en ſont la preuve. Mais graces aux inſinuations dont nous avons parlé, quoiqu'il adorât les maîtres, il ſe croyoit déteſté des diſciples, dont il augmentoit le nombre ſans le ſavoir & ſans y prétendre. Il vivoit avec les vieux Philoſophes morts depuis long-tems, & fuyoit ceux qui exiſtent encore. Enfin, il eſtimoit, il révéroit la Philoſophie ancienne : & la Philoſophie moderne, qui eſt la même ſous des formes différentes, lui paroiſſoit dangéreuſe. Cette Philoſophie, cette divinité bienfaiſante qui éclaire & conſole l'humanité, étoit à ſes yeux une furie armée de ſerpens & toujours prête à le pourſuivre. C'eſt ſur-tout dans les dernieres années de ſa vie que ce fantôme lui apparoiſſoit ſans ceſſe ; il le voyoit aſſis au bord de ſa tombe.

Pénétré de courroux & d'indignation, il s'armoit à ſon tour; dreſſoit contre le prétendu monſtre ſon artillerie légere; mais ſes traits ne faiſant qu'effleurer l'égide impénétrable de cette Déeſſe, retomboient le plus ſouvent ſur lui-même, & le bleſſoient malheureuſement d'atteintes incurables. On ſera ſurpris peut-être qu'à cet égard nous déplorions ſon aveuglement : peut-être croira-t-on qu'étant amis, qu'ayant à-peu-près les mêmes goûts, nous devions avoir les mêmes principes; pourquoi cela? Pourquoi veut-on que les ſentimens influent ſi fort ſur les opinions? Ne peut-on s'aimer & s'eſtimer beaucoup ſans penſer & ſe conduire de même? Les meilleurs amis de l'antiquité parmi les hommes de Lettres Philoſophes, furent un Epicurien & un Stoïcien. Si nous ſommes fiers de quelque choſe, ce n'eſt point du goût à-peu-près ſtérile que nous avons pour les Lettres, c'eſt de la juſtice que nous nous plaiſons à rendre à ceux qui les cultivent avec plus de fruit que nous; nous admirerons toujours le talent par-tout où il ſe trouvera; & ſi déja nous n'étions pas d'un parti, celui de la vérité, c'eſt le ſeul que nous vouluſſions épouſer.

Il eſt intéreſſant d'obſerver que M. Dorat n'a pas toujours eu pour les honneurs Littéraires cet éloignement qu'il a ſouvent manifeſté ſur la fin de ſes jours, avant qu'on eut aigri ſon caractère, décoré déja de titres ſuffiſans, il s'étoit préſenté pour être de l'Académie Françoiſe ; mais comment s'étoit-il préſenté ? De la maniere la plus intéreſſante, & qui ſeule, nous oſons le dire, qui ſeule lui méritoit une place, s'il eſt vrai que dans une Société où les vertus ne font qu'un avec les talens, un procédé héroïque ait la valeur d'un bon ouvrage. Dans le tems que Dorat eut le noble deſir d'être de l'Académie, Colardeau l'avoit auſſi ; Dorat propoſa à ſon ami de faire avec lui les viſites néceſſaires, Colardeau y conſentit & il n'y avoit qu'une place vacante. Il eſt une ſeule choſe dans le monde que les amis n'aiment gueres à partager, c'eſt la gloire : Dorat & Colardeau, en confondant leurs droits, prouverent que le bonheur de l'un deviendroit celui de l'autre, que le ſuccès du vainqueur conſoleroit le vaincu de ſa défaite; & la Littérature ne fournit pas ſouvent des exemples de cette généroſité & de cette délicateſſe.

Si nous avons eu beaucoup à louer en parlant des ouvrages de M. Dorat, nous ne l'aurons pas moins en parlant de ſa perſonne & de ſon caractère. Sa paſſion dominante étoit un amour immodéré pour la gloire, qu'il n'avoit point l'air de mépriſer comme on l'a prétendu, mais dont ſeulement il paroiſſoit ne pas ſe ſoucier beaucoup : il traitoit cette divinité à-peu-près comme ſes maîtreſſes ; il lui raviſſoit des faveurs & feignoit de la dédaigner. Ce ſentiment qui l'occupoit preſque tout entier devoit néceſſairement affoiblir en lui des ſentimens plus doux ; voilà pourquoi en amitié il étoit peu empreſſé, mais ſolide ; il ne venoit point chercher ſon ami, mais ſon ami étoit ſûr de le trouver & le trouvoit ſur-tout dans les grandes occaſions : il en a donné plus d'une preuve à des gens qui ont eu avec lui les torts les plus graves :

nous connoiſſons à ce ſujet des faits que nous ne révélerons point ; il y a trop de choſes à louer dans notre ami pour que nous lui faſſions un mérite d'avoir pardonné de vrais coupables.

Il avoit les vertus que donnent la religion & la philoſophie, ces vertus ſont à-peu-près les mêmes : il étoit doux, poli, bienfaiſant, plein d'humanité & de franchiſe ; une choſe qu'on aura peine à croire & qui cependant eſt vraie, c'eſt que ſous un extérieur léger & preſque frivole, il cachoit un grand fonds de bonhommie & la pouſſoit même juſqu'à la crédulité ; par ces dernieres qualités comme par quelques autres, il reſſembloit aſſez à la Fontaine : & qui oſera nier qu'il n'eut pu dire comme ce dernier ?

Je ſuis choſe légere & vole à tout ſujet
Je vais de fleur en fleur & d'objet en objet,
A beaucoup de plaiſir, je mêle un peu de gloire,
J'irais plus haut peut-être au temple de mémoire,
Mais quoi! je ſuis volage en vers comme en amours...

Il avoit de plus que le *bon homme* une activité incroyable. Il ne paroiſſoit jamais occupé, & il l'étoit sans cesse : il travailloit par-tout, dans les cercles, aux promenades, aux spectacles ; il observoit en courant, & peignoit de même ; & malgré cela il n'apportoit jamais dans la Société ces distractions si communes à ceux qui ont plus de commerce avec les livres qu'avec les hommes ; il y montroit de l'esprit & savoit sur-tout faire briller celui des autres, talent ordinaire de ceux qui en ont le plus. Il parloit peu, mais il écoutoit bien, & l'on ne pouvoit s'empêcher d'aimer son silence. Sa modestie & son indulgence lui donnoient un avantage réel sur tous ses semblables. Dès qu'il ouvroit la bouche on l'écoutoit avec attention ; il ne l'ouvroit guéres que pour dire des choses fines & saillantes, & c'est sur-tout alors qu'on lui savoit bon gré de s'être tu. Il avoit dans sa tournure physique quelque chose de vif, de délié & de leste, qui annonçoit absolument le caractère de ses écrits, & nous sommes presque tentés de l'appeller *le Sylphe de la Littérature ;* mais il s'est peint souvent lui-même & pour en donner une idée plus juſte, il vaut mieux que nous citions ſes propres paroles :

Quoique le ton du ſiecle autrement en ordonne,
Je prétens fuir l'orgueil, ne déteſter perſonne ;
Bien ſcandaleuſement toujours rire à ſouper ;
Sur le front d'un Rival attacher la couronne,
S'il le faut, être dupe, & ne jamais tromper.
Je veux de plus, dans ma très-humble ſphère,
Jouir, ſans faſte & ſans éclat,
Du peu de bien que je puis faire :
Et plaindre mon ami, s'il devient un ingrat.
Que la haine après perſévere,
Je verrai, ma Zirphé, ſes complots ſans effroi :
Mon cœur eſt courageux, ſi ma tête eſt légere ;
Malin pour mes cenſeurs, mais ſenſible pour toi,
Je garderai mon caractère,
Et mes torts, Dieu merci, ne mourront qu'avec moi.

Voici un endroit où il ſe peint encore avec des couleurs plus vraies : il eſt tiré de ſon Épître intitulée *ma Philoſophie*, qu'il a donnée enſuite ſous le titre *de mes Erreurs*.

DANS ſes folles métamorphoſes
Mon eſprit, toujours au-dehors,

Ne ſait point ſaiſir les rapports,
L'enſemble harmonique des choſes
Et leurs inviſibles accords :
Mais je ſais rire, en récompenſe,
Et même rire à mes dépens.
Tous les matins dans le ſilence,
Je vais brûler un grain d'encens
Sur l'Autel de la tolérance.
Je perſifle avec aſſurance
Ces égoïſtes ſourcilleux
Qui ne permettent pas qu'on penſe,
A moins qu'on ne penſe comme eux.
Trop fier pour deſcendre à l'intrigue
Je fuis les ſentiers tortueux :
La palme qu'emporte la brigue
Ceſſe d'en être une à mes yeux.
L'ombre du crédit m'importune ;
Loin de courtiſer la faveur,
Si je veux rencontrer un cœur
Je le cherche dans l'infortune ;
Je ne me laiſſe point charmer
A l'éclat d'un luxe ſtérile,
Moins mon ami peut m'être utile,
Plus j'ai de plaiſir à l'aimer.
J'honore les rangs & les titres,
Mais ſans jamais m'en étayer :
Au coin de mon humble foyer
Mes ſentimens ſont mes arbitres,

Et je m'appartiens tout entier.
Ma gauloise philosophie
Borne-là ses modestes vœux ;
Et dans mon délire joyeux,
Je tiens à ma superficie
Pourvu qu'elle cache un heureux.

Avec cette aversion pour l'intrigue, cette fierté de caractère, & ce mépris réel pour la fortune qu'avoit M. Dorat, doit-on être surpris qu'il n'ait pas obtenu les faveurs de cette derniere ? Il est passé ce tems où l'or, prenant des aîles entre les mains du sage & généreux Colbert, voloit dans les retraites des Savans de presque toute l'Europe ; &, perdant à leurs yeux ce qu'il avoit de vil & de méprisable avant d'avoir passé entre les mains de leur Bienfaiteur & de leur soutien, conquéroit à Louis XIV des hommes que l'on ne conquiert point avec le fer, & étendoit ses victoires jusques sur les esprits, terme où se brise ordinairement le pouvoir des Rois. Tout est un peu changé dans ce siecle. Un homme d'un vrai talent & qui se distingue de la foule, est d'autant plus heureux qu'à ſon égard on s'en tienne à l'indifférence, qu'il eſt bien rare qu'il n'excite pas la perſécution. M. Dorat n'ayant jamais demandé de grace, n'en obtint jamais aucune ; cependant il en étoit digne par ſes ſuccès, & ſur-tout par ſes malheurs. Ces derniers ſont moins connus que les autres : deux banqueroutes qu'il eſſuya preſque en même-tems, dérangerent prodigieuſement ſes affaires ; de-là naquirent des chagrins, & peut-être même des infirmités qui le conduiſirent au tombeau. Il mourut à Paris le 29 Avril 1780, d'une maladie de langueur qui le conſumoit depuis environ deux ans. Il conſerva juſqu'à ſon dernier moment ſa préſence d'eſprit, ſa fermeté & ſes principes. Ainſi fut enlevé à la Littérature un homme qui promettoit plus encore qu'il n'avoit tenu, & qui, avec les ſecours du tems & de l'étude, fut devenu ſans doute ſupérieur à lui-même.

Il aimoit trop la gloire pour garder long-tems ſes productions dans ſon porte-feuille : le deſir extrême des jouiſſances ne lui permettoit

mettoit point à cet égard de faire des ſacrifices. Il ſe hâtoit même un peu trop de paroître au grand jour, & il en convenoit. (*) Les corrections, quelquefois con-

---

(*) Voici une Lettre que nous avons écrite à ce ſujet, & qui a paru dans le Journal de Paris le Jeudi 12 Avril 1781.

Aux Auteurs du Journal.

MESSIEURS,

C'eſt avec une ſurpriſe mêlée de chagrin, que je viens de lire dans le Nécrologe de cette année, une *Notice* ſur feu M. Dorat, dont un (1) Homme de Lettres eſtimable ſe déclare l'Auteur. Ce dernier prétend *avoir ſouvent exhorté M. Dorat à mettre la derniere main à ſes ouvrages*, & le plus grand reproche qu'il lui faſſe, c'eſt de n'avoir point ſuivi ce conſeil. Il dit très-affirmativement qu'*abuſant de ſa facilité, ſes ouvrages étoient, pour ainſi dire, des in-promptus ſur leſquels il ne revenoit jamais. Tout ce qui nous reſte de lui*, ajoute-t-il, *eſt du premier jet : il lui en coutoit moins de faire vingt vers que d'en corriger deux.* Comment ſe fait-il que l'Auteur de la Notice, s'il a été lié avec M. Dorat, comme il le laiſſe croire, comment ſe fait-il qu'il ait avancé des faits auſſi contraires à la vérité ? Je puis vous aſſurer, Meſſieurs, que ſi Dorat avoit un défaut, c'étoit peut-être de revenir trop ſouvent ſur ſes premieres productions. Il n'en eſt aucune, excepté *la Feinte par Amour*, & très-peu de Poéſies fugitives, il n'en eſt aucune, dis-je,

(1) M. Caſtilhon.

sidérables, qu'il faisoit à chaque nouvelle édition de ses divers écrits, annonçoient

---

qu'il n'ait vingt fois remise sur le métier; il n'en est point à laquelle, à plusieurs reprises, il n'ait retranché, ajouté ou corrigé un très-grand nombre de vers. Cette extrême sévérité supposoit dans M. Dorat un grand desir de la perfection, & s'il n'y a pas toujours atteint, pourquoi donner à entendre qu'il n'en avoit point la volonté ? L'Auteur de la Notice n'ignore pas qu'il est peu d'ouvrages de Dorat qui n'ait eu plusieurs éditions; qu'il les compare toutes; qu'il les confronte, il verra qu'elles ne se ressemblent point, & qu'à beaucoup d'égards les dernieres sont souvent préférables aux autres. Il verra que la Tragédie de *Zoramis*, qu'il appelle *Zoramir*, je ne sais trop pourquoi; il verra, dis-je, que cette Tragédie, pour le fond, est à-peu-près la même que celle de *Théagene & Chariclée*; mais que la forme en est toute changée, & que les deux derniers Actes en sont absolument neufs. Il verra dans la seconde édition de *Régulus*, un rôle qui n'est point dans la premiere, celui d'*Amilcar*; rôle qui assurément ne dépare point cette Tragédie. Il verra que le beau Poëme de *la Déclamation* n'a été dans sa naissance qu'une Piece de trois ou quatre cens vers, sans division de chants, & sans aucune forme didactique. Il verra que les Contes, les Fables & presque toutes les Poésies fugitives, ont subi une foule de changemens plus ou moins heureux, plus ou moins considérables. Il verra que le Drame intitulé *les deux Reines*, a été refait sous le titre d'*Adélaïde de Hongrie*; & que celui de *Zulica* a reparu sous le nom de *Pierre-le-Grand*. L'Auteur de la Notice convient de ces deux derniers articles. Comment qu'il ne pouvoit dévorer cet intervale, cruel, mais nécessaire, qu'il faut laisser

---

peut-il donc se faire que tout ce qui reste de Dorat soit *du premier jet?* Comment se fait-il que l'on soit ainsi en contradiction avec soi-même? Comment se fait-il que l'on soit homme de Lettres, & que l'on ignore des faits Littéraires aussi connus? M. Dorat m'a dit bien des fois, ainsi qu'à ses autres amis, que son plus grand plaisir étoit de corriger ses ouvrages : comment se fait-il qu'il ne l'ait jamais dit à l'Auteur de la Notice, ou que celui-ci ne s'en soit jamais apperçu? Notice, si je ne me trompe, vient du mot Latin *noscere*, qui signifie connoître : lors donc qu'on fait une Notice sur les écrits d'un homme, il me semble qu'il faudroit connoître un peu davantage cet homme & ses écrits. Un Étranger, qui n'auroit lu que la Notice du Nécrologe, où l'on prétend que les ouvrages de Dorat sont des *In-promptus*, ne seroit-il pas un peu surpris s'il lisoit ensuite *le Célibataire & la Déclamation Théatrale?* Ne trouveroit-il pas ces *In-promptus* un peu longs, & n'auroit-il pas quelque peine à croire qu'ils eussent été faits du *premier jet?*

Je ne répondrai point aux autres reproches que dans la Notice on a fait à M. Dorat : chacun a raisonné bien ou mal sur cet Écrivain ingénieux; chacun l'a jugé à sa maniere; je l'ai jugé à mon tour, j'ai fait de lui un éloge assez détaillé que je vais mettre au jour. Si l'ouvrage est bon, il répondra à tous les jugemens, à toutes les critiques, à toutes les Notices qui ont paru dans mille & une feuilles périodiques; s'il est mauvais, je n'aurai pas moins le courage de l'avouer. Quand j'ai loué mon Ami, je entre les travaux & les ſuccès. Cependant il a laiſſé pluſieurs ouvrages poſthumes, parmi leſquels on diſtingue ſa Tragédie d'Alceſte, (*) reçue à la Comédie Françoiſe depuis pluſieurs années, & dont il avoit déja publié des fragmens ; une Comédie, intitulée *le Faux Superficiel*, & pluſieurs jolies pieces fugitives. Son impatience de jouir étoit ſi forte, & il attachoit tant de prix à la gloire, qu'il a voulu, pour ainſi dire, s'en raſſaſier avant que de mourir. Jamais il n'a publié tant d'ouvrages que dans les

---

n'ai pas dû ſonger à ma gloire. Au reſte, Meſſieurs, je vous préviens qu'en faiſant l'Éloge de Dorat, je n'ai cru aucunement m'immiſcer dans les factions polémiques qui diviſent & déshonorent la Littérature. J'ai dit dans cet *Éloge*, ce que je penſois, ſans chercher à réfuter ce que les autres ont penſé. Je ſerois bien fâché de reſſembler à ces gens qui, comme le dit J. J. Rouſſeau avec ſon énergie ordinaire, *ſe vont fourrant dans le tripot Littéraire*. J'aime le repos, l'obſcurité même ; s'il n'avoit été queſtion que de moi, jamais je n'aurois relevé les erreurs de la *Notice* ; mais qui oſera me blâmer d'avoir fait un ſacrifice à l'amitié !

J'ai l'honneur d'être, &c. Le Chevalier de C***.

(*) Tous les ouvrages de Dorat non connus paroîtrons dans l'édition que l'on prépare.

derniers jours de sa fugitive existence : on a vu paroître de lui dans l'espace d'environ trois mois, *Roséïde*, *Pierre-le-Grand*, *Zoramis*, *Merlin bel-esprit*, *Voltaire aux Welches*, & les deux volumes intitulés *Coup-d'Œil sur la Littérature*. On eut dit, & il paroît certain, qu'il pressentoit son heure fatale. Semblable à l'astre du jour qui rassemble tous ses rayons au moment où il va cesser d'éclairer l'Hémisphère, il a voulu que les derniers éclairs de son génie expirant fissent baisser les yeux même à l'envie.

Mais l'envie a dit, & dira peut-être encore, pourquoi louer un homme qui a fait le *Dialogue de Pegaze & de Cl***, *Voltaire aux Welches*, *les Prôneurs*, *l'Épître du Curé de Saint-Jean-de-Latran*, celle intitulée *aux Grands Hommes des Cotteries*, *&c. &c. &c.* ? Pourquoi ne pas rejetter sur lui-même le fiel qu'il a versé dans tous ces Pamphlets ? A Dieu ne plaise que nous voulions faire honneur à M. Dorat de ces productions, qui en feroient à ces Auteurs qui mettent leur gloire dans la Satyre, & qui n'ont, pour réussir, d'autre ressource que cette derniere. M. Dorat en avoit de plus respectables; ces productions quoiqu'estimables dans leur genre, ne sont que la moindre partie de sa gloire. Le talent de la Satyre nous paroît si facile, qu'il n'en est point un à nos yeux: tout homme qui n'a que celui-là prouve, selon nous, une impuissance absolue, & de plus un cœur vicieux; & nous n'admirerons jamais le contraire de l'honnêteté & du génie. Mais n'est-il pas permis à l'homme qui a la conscience de sa force & de son talent, de repousser l'injure par le ridicule, & d'opposer la plaisanterie légere à la grossiere critique? Est-il un seul écrivain célebre, depuis le bon la Fontaine jusques au caustique Piron, qui n'ait ri quelquefois aux dépens de ses Censeurs ou de ses ennemis? Nous ne parlons point de Boileau: il étoit sans excuse, puisqu'il faisoit métier de ce qui doit n'être, tout au plus, qu'une distraction. Mais Racine, mais Voltaire sur-tout; mais Fontenelle même, le doux Fontenelle . . . . . & mille autres? Qui ne sait qu'ils ont laissé d'assez bonnes Epigrammes ? Ont-ils bien ou mal fait de répondre à des ſots ? Nous ne déciderons point la queſtion. Encore une fois, nous ne voulons point excuſer M. Dorat de les avoir imités ; nous voulons prouver ſeulement qu'il n'étoit point ſatyrique, quoiqu'il ait fait des eſpéces de ſatyre. Lui, méchant ! lui, ſatyrique ! Qu'on ſe rappelle qu'il y a peu d'homme qui ait loué plus que lui ce qu'il y avoit de plus louable dans ce ſiecle, VOLTAIRE. Ce nom ne paroît jamais dans ſes écrits, qu'il ne ſoit précédé ou ſuivi d'un Éloge, & ce nom revient très-ſouvent dans ſes préfaces, dans ſes poéſies fugitives, &c. Nous n'en citerons qu'un exemple, il eſt tiré de la préface d'*Adélaïde de Hongrie*. » M. » de Voltaire, dit-il, qui depuis a donné le » ton à ſon ſiecle, ſçut, ainſi que Corneille » & Racine, profiter avec habileté du goût » qu'il trouva dominant. Dès le premier » pas dans la carriere il fixa les yeux ſur » quelques hommes qui avoient imprimé » aux eſprits une ſorte de mouvement » philoſophique, conforme à ſa maniere de

» voir & de penser. Il s'apperçut que la » sphère des connoissances s'étendoit; » qu'on commençoit à plaider la cause des » hommes & à prononcer les mots de vertu, » de justice & d'égalité. Ce premier coup-» d'œil lui indiqua un genre nouveau, le » plus pathétique qu'on put jamais intro-» duire sur la scène : la Philosophie s'y » montra avec toute la pompe de l'élo-» quence & la chaleur du sentiment .... » Les larmes coulerent sur les maux de l'hu-» manité, & tous les cœurs volerent au-» devant de ces maximes bienfaisantes qui » affermissent le bonheur du monde quand » elles sont suivies par ceux qui le gou-» vernent. Voilà sur-tout ce qui assure à » M. de Voltaire le titre de créateur, qu'on » s'avise quelquefois de lui disputer; mais » plus il approcheroit de la perfection, » moins il laisseroit d'espérance à ceux qui » viendront après lui ».

Oui, dira-t-on, Dorat loue Voltaire souvent, mais quelquefois il fait le contraire. Eh! bien, alors, il a l'air d'un enfant, armé à la légere, qui aborde un géant d'un air moitié grave, moitié badin, forme autour de lui le ſimulachre d'un combat, fait briller à ſes côtés la lance tour-à-tour & l'épée, ne le touche jamais, craint de le bleſſer même, finit ſouvent par jetter ſes armes & tomber aux genoux de ſon redoutable mais immobile adverſaire : il n'y a point de mauvaiſe intention dans cette conduite ; & l'on voit bien qu'il veut faire au géant plus de peur que de mal. Qu'on ſe rappelle enfin que M. Dorat avoit, pour ainſi dire, épouſé les intérêts de MM. Colardeau & le Mierre, ſes amis & ſi dignes de l'être ; & qu'il a défendu leurs ouvrages autant qu'il l'a pu, des atteintes de la critique & de la fureur des partis. Qu'on ſe rappelle qu'il a toujours dit, & ſouvent écrit du bien des ouvrages de MM. de Beaumarchais, Dudoyer, Barthe, de Cailhava, Sedaine, Lantier, &c. &c. ; qu'il a adreſſé les épîtres les plus flatteuſes à MM. de Champfort, de Saint-Marc, Doigny, de Pezay, &c. &c. ; que ces éloges étoient d'autant plus déſintéreſſés qu'il n'avoit aucune relation avec quelques-uns de ces

Écrivains eſtimables, & que pluſieurs étoient ſes rivaux. Qu'on ſe rappelle qu'il y a peu de talens naiſſans qu'il n'ait encouragés, & que les jeunes Littérateurs trouvoient toujours en lui non un maître orgueilleux de les inſtruire, mais un ami impatient de les éclairer. Qu'on ſe rappelle enfin la réponſe qu'il fit à cette fameuſe épigramme, où l'on diſoit *que ſes fleurs étoient des pavots.* Cette réponſe n'eſt point dans ſes Œuvres, nous ne croyons pas qu'elle ait été imprimée, & le Lecteur peut-être ne ſera pas fâché de la trouver ici.

Grace, Grace, mon cher Cenſeur !
Je m'exécute, & livre à ta main vengereſſe
Mes vers, ma proſe & mon brevet d'Auteur ;
Je puis fort bien vivre heureux ſans lecteur :
Par pitié ſeulement laiſſe-moi ma maîtreſſe ;
Laiſſe en paix les amours ; épargne au moins les miens.
Je n'ai point, il eſt vrai, le feu de ta ſaillie,
Tes agrémens. . . Mais chacun à les ſiens.
On peut s'arranger dans la vie :
Si de mes vers Églé s'ennuye,
Pour l'amuſer je lui lirai les tiens.

Nous demandons ſi un homme qui fait une réponſe auſſi douce à une épigramme qui ne l'eſt gueres, eſt méchant & ſatyrique ? Un ancien a dit qu'il ne connoiſſoit pas de concert plus agréable que d'entendre un homme dire des injures à un autre homme qui ne répondoit rien. M. Dorat a donné l'exemple d'un concert plus agréable encore, & ſur-tout plus nouveau. Reſte à le diſculper, dira-t-on toujours, des Pamphlets nommés ci-deſſus. A cela nous répondrons d'abord que dans pluſieurs occaſions il n'a fait que ſe défendre, & que la défenſe eſt de droit naturel ; que dans d'autres occaſions, il s'eſt encore défendu croyant qu'on l'attaquoit. Pourquoi ſe trompoit-il, ajoutera-t-on ? C'eſt un malheur : mais il prouve du moins qu'il ne devenoit réellement méchant que lorſqu'il croyoit devoir l'être ; & qu'il ne l'étoit point en effet. En voilà bien aſſez ſur cet article. On a fait à M. Dorat un reproche plus fondé, & qui mérite de notre part une attention particuliere. M. Dorat, a-t-on dit, n'a compoſé que des ouvrages frivoles ; & tout homme qui en écrivant n'a point en vue l'utilité publique, mérite peu l'eſtime & la conſidération du public. Nous ſommes aſſez de l'avis de ces Cenſeurs : nous penſons que, le plus qu'on peut, l'on ne doit prendre la plume que pour annoncer une vérité ou pour détruire une erreur. Faire aimer la vertu, faire haïr le vice, voilà le ſeul & unique but auquel doit tendre tout homme de Lettres. Les Anciens croyoient que les heures s'envoloient dans le ciel, pour y rendre compte de l'uſage qu'en faiſoient les mortels. Nous voudrions que toutes les minutes de la vie d'un homme de Lettres allaſſent dépoſer aux pieds du Juge ſuprême, ou un deſir de faire le bien, ou un regret de ne l'avoir pas fait. Mais vouloir que les beaux-arts apportent toujours avec eux une utilité réelle, n'eſt-ce pas un peu empiéter ſur les droits de la Philoſophie ? Nous ſavons que cette derniere peut s'allier avec la poéſie : Anacréon, Horace, Lucréce, Chaulieu, Boileau même dans ſes Épîtres, & ſur-tout Voltaire, en ont donné des preuves. Mais combien d'autres Poëtes n'ont jamais ſongé à renfermer dans leurs vers de grandes vérités morales. Pindare jouit d'une aſſez grande réputation : eſt-ce dans ſes Odes, quelque belles qu'elles ſoient, qu'un citoyen ira apprendre à remplir ſes devoirs, & un ſage à modérer ſes paſſions ? S'il y a quelques préceptes utiles ils y ſont ſi clair-ſemés, qu'en vérité ce n'eſt pas la peine de les aller chercher ſi loin. D'ailleurs quel eſt le but des arts ? D'imiter la belle nature. Cette imitation n'eſt ſouvent d'aucune utilité pour les mœurs, & elle n'en eſt pas moins eſtimable. La plus belle ſonate n'engage perſonne à faire une bonne action, & l'homme le plus vicieux verra un chef-d'œuvre de Raphaël ſans devenir meilleur. Faut-il pour cela proſcrire la peinture & la muſique ? Les jolis vers, les beaux tableaux, les bonnes ſonates ſont les fleurs du monde moral : & à ceux qui demandent à quoi elles peuvent ſervir, nous pourrions demander à notre tour à quoi ſervent les fleurs du monde phyſique. Il faut bien croire qu'elles ſont utiles, puiſque Dieu les a créées: pourquoi n'en feroit-il pas de même des autres? S'il eſt vrai que l'agriculteur cueille avec plaiſir dans le même champ le bluet qui réjouit ſa vue & l'épi qui doit nourrir ſon corps, pourquoi le citoyen ne liroit-il pas avec le même plaiſir des chanſons & des traités de morale? Faut-il d'ailleurs que le citoyen ſoit toujours occupé? ne faut-il pas que ſes travaux ſoient entremêlés de délaſſemens, & qu'il trouve enfin l'agréable à côté de l'utile? L'intention de la nature & celle des Légiſlateurs fut toujours que l'homme vécut vertueuſement & agréablement; & celui qui ne fait que des romans & des contes pour rire, remplit leurs vues plus qu'on ne croit. Mais c'eſt trop plaider une cauſe qui n'a pas beſoin d'être plaidée. Ne faiſons pas croire qu'elle eſt mauvaiſe en voulant trop prouver qu'elle eſt bonne. Diſons plutôt, diſons que dans les ouvrages de Dorat, même dans ceux qui paroiſſent les plus frivoles, tels que ſes Poéſies fugitives, il y a ſouvent ce que déſirent les

Cenſeurs un peu exigeans dont nous parlons, c'eſt-à-dire, une philoſophie qui peut-être d'autant plus utile qu'elle parle le langage des graces. Que ces Meſſieurs liſent attentivement *Anacréon citoyen*, *les Erreurs*, *l'Hymne ſur la Bienfaiſance*; *l'Épître à un Athée*, *celle à un Homme en faveur*, *celle à un jeune Philoſophe*; & beaucoup d'autres. Dans tous ces ouvrages ils admireront, ils aimeront les principes d'une ſaine morale, revêtue de tous les atours de la poéſie; ils y puiſeront des leçons de bienfaiſance & d'humanité; ils y apprendront l'art de plaire, & peut-être même le ſecret d'être heureux.

En commençant cet Éloge, nous avons promis de ne dire que la vérité; mais il nous ſemble que nous ne pouvons pas juger ſi nous l'avons toujours dite : on ne voit jamais bien clair dans ſa propre cauſe; & celle d'un ami devient toujours perſonnelle à ſon ami. Mais dans tous les cas nous ſommes à l'abri de tout reproche: les Juges mêmes les plus ſéveres nous pardonneront nos erreurs en faveur de nos sentimens, & ceux qui ne nous les pardonneront pas, désireront peut-être d'avoir des amis qui nous ressemblent.

POESIES DIVERSES

RELATIVES

A C. J. DORAT.

Manibus dati lilia plenis.

VIRGILE.

EPITRE

A L'OMBRE D'UN AMI.

QUE d'autres, hélas ! ſur ta tombe
S'empreſſent à jetter des fleurs !
A ma triſteſſe je ſuccombe,
Et ne ſais t'offrir que mes pleurs.
O toi, que rien ne peut me rendre,
Je veux en vain, par ma douleur,
Redonner une ame à ta cendre,
Et des ſentimens à ton cœur.
On ne revient point à la vie ;
Tous nos regrets ſont ſuperflus :
Mais les vœux, les vœux d'une Amie,
Devroient, du moins, être entendus.
Ah ! que ma voix ne parvient-elle
Juſques dans ton affreux ſéjour,
Au ſein de la nuit éternelle
Où l'homme eſt plongé ſans retour,
Où ne deſcendent point les larmes,
Où ne pénétrent point les cris,
Où les talens ſont engloutis,
Où le rang, les vertus, les charmes,
Tombent enſemble anéantis ?

Quoi ! ce trifte jour qui m'éclaire,
Tu ne le reverras jamais !
Il luit, malgré ma peine amere,
Et ne m'offrira plus ces traits
Où fe peignoit la plus belle ame ;
C'eft en vain que je les réclame :
La Parque eft fourde à mes fouhaits.
Pour les Meres, pour les Amantes,
Elle fut toujours fans pitié,
Je le fais ; mais de l'amitié
Les prieres attendriffantes,
Devroient de fes mains dévorantes
Faire tomber le noir cizeau.
S'il eft un mortel fur la terre,
Digne d'échapper au tombeau,
Ce n'eft point l'amant de la guerre,
Qui des humains eft le fléau :
C'eft l'ami vertueux, fenfible,
Uniffant au charme invincible
Des talens les plus précieux,
Mille autres dons que, fous les cieux,
En vain on chercheroit peut-être....
Oui ; les vrais amis devroient être
Immortels, ainfi que les Dieux.

Mais il n'habite plus la terre :
Dans les abîmes du trépas.
Dorat vient de fuivre Voltaire
Je lui parle : il ne m'entend pas.

Hélas ! sa lyre enchanteresse,
Brillante même en ses écarts,
Sa lyre, chere au Dieu des Arts,
Ne chantera plus la tendresse,
Et sur les rives du Permesse,
On ne le verra plus choisir,
Entraîné par sa fantaisie,
Tantôt le mirthe du plaisir,
Tantôt la palme du génie ;
On ne verra plus les neuf Sœurs,
De ses talens enorgueillies,
Venir le couronner de fleurs
Au sommet du Pinde cueillies,
Ses Rivaux se croiront vainqueurs.....
Que dis-je ? ils ne peuvent t'atteindre :
De tes nombreux imitateurs
Les efforts ne sont point à craindre ;
S'ils te reprochent des erreurs,
Va, ce sont eux qu'il faudra plaindre.
O trop foible soulagement
Qu'offre à ma tristesse profonde
Le triomphe de son talent,
Quand il est disparu d'un monde
Où je le cherche vainement !
Si du fond des Royaumes sombres,
Il est vrai que les pâles ombres
Remontent, pour quelques instans,
Et de tristes crêpes voilées,

Autour de leurs noirs Mauſolées
Viennent errer de tems en tems ;
Ah ! daigne, Ombre illuſtre & chérie,
Préſente à mon ame attendrie,
Daigne recevoir ce ſerment !
(Et puiſſe-t-il, hélas ! te plaire !)
Mon cœur, juſqu'au dernier moment,
D'une amitié pure & ſincere
Te gardera le ſentiment ;
Et dans ce cœur, dans ma mémoire,
Immortelle comme ta gloire,
Tu vivras éternellement.

Par Madame la Comteſſe DE BEAUHARNAIS.

PORTRAIT DE DORAT.

EMULE du ſenſible Ovide
Jeune encor, des tendres Amans,
Il peignit les erreurs ainſi que les tourmens,
Et la Muſe de l'Héroïde
S'énorgueillit de ſes accens.
Bientôt Lycurgue des trois ſcènes,
Il donna ce Poëme, où Rival de Boileau
Il inſtruit du Théatre & les Rois & les Reines,
Leur ouvre en ce code nouveau
Les routes de la gloire & les ſources du beau.
Sur les pas du bon la Fontaine,
Avec grace toujours & non ſans quelque peine
Il cueillit encor quelques fleurs,

De l'élégant Racine & du joyeux Moliere
Il courut la double carriere,
Il excita les ris & fit couler des pleurs.
Que n'ai-je ſa touche légere,
Pour louer tous ces riens divers
Où ſa Muſe facile, à l'envi de Voltaire,
Fixe l'image paſſagere
Le tableau mobile & divers
De nos mœurs & de nos travers,
De nos modes, de nos caprices,
Se moque des ſots en crédit,
Et gaîment demande une nuit
Aux Divinités des couliſſes.
Quel autre a mieux que lui dans ces riens enchanteurs,
D'atours éblouiſſans, de brillantes couleurs,
Revêtu ſes vives penſées,
Qui ſous un air badin, quelquefois très-ſenſées,
Même en les amuſant inſtruiſent les Lecteurs?
Variété piquante, adorable Déeſſe,
C'eſt toi qui préſidas à ſes nombreux travaux,
Soit qu'il ait chanté ſa Maîtreſſe,
Soit que des palmes du Permeſſe
Il ait couronné ſes Rivaux.
Que de fois je l'ai vu donner de douces larmes
Au ſort de l'indigent des mortels oublié!
Que de fois je l'ai vu partager les allarmes
De l'amour malheureux, de la ſainte amitié!

Qu'on ne s'étonne pas que *Verſeney*, *Mirbelle*,
Héros qu'il a créés, chers à plus d'une Belle,
Faſſent naître dans l'ame une tendre douleur ;
A celui que je plains rien n'étoit impoſſible,
Sous des dehors légers, ſimple, aimant & ſenſible
Il ſuivoit moins ſouvent ſon eſprit que ſon cœur.
C'eſt peu de le louer, c'eſt peu de le défendre,
Je ne remplirai point mon devoir à demi,
Il n'eſt plus, il fut mon ami,
Et je vais pleurer ſur ſa cendre.

Par M. le Chevalier DE CUBIERES.

ÉPITRE A M. DORAT,

Sur ſes Pieces de PIERRE-LE-GRAND *&* *de* ROSÉIDE.

Par le même.

O TOI dont le double talent
Enrichit l'une & l'autre ſcène ;
Toi dont la Muſe ſe promene
Dans ſon vol rapide & brillant,
Tantôt ſous les portiques ſombres,
Où, loin des profanes regards,
Melpomene, les yeux hagards,
Le bras nud, les cheveux épars,
Des Héros évoque les ombres,
Et forge ſes ſanglans poignards ;
Tantôt dans ces cercles d'élite

Où pirouettent nos Marquis,
Où *Thalie*, en riant, médite
Le plus ingénieux croquis,
Et ſemblable à l'active Abeille,
Compoſe ſon miel tour-à-tour,
Et de la nouvelle du jour
Et de l'hiſtoire de la veille ;
Aimable éleve d'*Apollon*,
Rival au célebre Vallon,
Et de *Térence* & d'*Euripide*,
Viens, que je te diſe deux mots,
Et que nous cauſions à huis clos,
Et de PIERRE & de ROSÉIDE.
Oui, malgré certains Beaux-Eſprits,
De qui la méthode nouvelle
Eſt de n'aimer que leurs écrits,
J'aime fort ton œuvre jumelle ;
Mais à toi je le dis tout bas
Pour ne point donner de ſcandale ;
De leur colere magiſtrale
Je crains d'eſſuyer les éclats ;
Epicure veut que le monde
Soit né d'atômes ſans pouvoir,
Que du hazard la main féconde
Dans le vuide avoit fait mouvoir :
Ainſi, pour créer tes ouvrages,
Ta main plongea dans un cornet,
Ces hiéroglifes volages

Du diſcours mobiles images,
Qui d'un livre animant les pages,
Font parler le papier muet ;
Et tes Contes, tes Chanſonnettes,
Tes Poëmes & tes Romans.
Tes Épîtres à nos Coquettes,
Tes vers aux grands hommes du tems,
Ton œuvre Comique, Tragique,
Tout enfin du cornet magique,
Un beau jour ſortit arrangé,
Sans que l'Auteur même eût ſongé
'A ce miracle Poëtique.
Tels ſont les ſyſtêmes divers,
Que peut-être l'on imagine,
Pour nous expliquer l'origine,
Et de ta proſe & de tes vers.
Ta Muſe a ri de ces travers,
Quelquefois j'en ai ri de même,
Du hazard la force ſuprême
Eſt ſuſpectée en plus d'un lieu,
Et quant à moi, je n'y crois guere,
L'Illiade m'annonce Homere,
Et l'Univers me prouve un Dieu.
Mais loin du ſujet qu'elle traite,
S'égare ma Muſe diſtraite ;
Revenons : lorſque ton Héros,
Las de voir de coupable têtes
Tomber ſous le fer des Bourreaux,

Et calme au milieu des tempêtes,
D'*Amilka* brave les complots,
Cette tranquillité ſublime,
En préſence d'un ennemi,
Ne captive point à demi,
Et mon ſuffrage & mon eſtime;
C'eſt par un mépris magnanime
Qu'un lâche doit être puni;
Tels *Marius* & *Coligni*,
Héros ſi dignes qu'on les vante,
Courbent leur front ſans ſe troubler
Sous le glaive qu'on leur préſente,
Et font reculer d'épouvante
La main prête à les immoler.
A l'Auteur de *Cinna* (1), ton Maître,
Tu fis bien de le dédier,
Ce drame qui pourra peut-être
A ſa gloire t'aſſocier,
Dans l'heureux ſéjour qu'on renomme,
Avec quel plaiſir ce grand homme,
Aura reçu tes complimens!
Quand ton ombre aimable & folâtre
L'ira joindre en ces lieux charmans,
Ce vieux Monarque du Théatre,
Et le Légiſlateur guerrier

(1) La Tragédie *de Pierre-le-Grand* eſt dédiée aux Mânes de Corneille.

Qui te doit ſon apothéoſe ;
S'empreſſeront de marier
Quelques branches de leur laurier
A tes cent couronnes de roſe.
  Zoïle jadis critiqua
Le vieil Aveugle ſans patrie ;
Ne crois pas que je t'injurie
En l'honneur du *vis comica.*
On aime à diſputer en France ;
Et peut-être, me dira-t-on,
Dolſé, *Nelmour* & *Volſimon* (1).
N'ont que très-peu de reſſemblance,
Avec *Jourdain*, *Chryſale*, *Orgon* (2).
Je le ſais, & réponds d'avance
Que tout genre qui plaît eſt bon :
Il faut un peu de tolérance
Quand on eſt Prêtre d'*Apollon.*
N'eſt-il qu'une ſeule carriere
Ouverte aux eſprits créateurs ?
Pour rendre l'art utile aux mœurs
Faut-il n'imiter que *Moliere ?*
La *Chauſſée* aux cœurs corrompus
Commande d'heureux ſacrifices ;
Moliere fait haïr les vices,
L'autre fait aimer les vertus.

---

(1) *Perſonnages de la Comédie* de Roſeïde.

(2) *Perſonnages* de Moliere.

Que pour *Moliere* on ſe décide :
De *Tartuffe* & de *Mélanide*
Je ſuis également épris.
On peut intéreſſer, je penſe,
Et par les pleurs & par les ris :
De *Plaute* admirons les écrits,
Sans proſcrire ceux de *Térence*.
  Pourſuis donc, brigue les faveurs
De *Melpomene* & de *Thalie*,
Que ta Muſe toujours allie
L'amour des palmes & des fleurs,
Et la ſageſſe & la folie.
Ceſſe de te plaindre pourtant
D'un Public léger, inconſtant,
Qui, ſemblable à l'onde infidelle,
Du bel-eſprit ambitieux,
Balotant la foible nacelle,
Tour-à-tour l'entraîne avec elle
Dans les enfers & dans les cieux.
Du Parterre, hidre à mille têtes,
Brave les hurlemens divers,
Sois le *Czar* au ſein des revers,
Ainſi qu'au milieu des conquêtes :
Quand on s'expoſe ſur les mers,
On doit s'attendre à des tempêtes.
  Eh ! qui donc n'a pas eſſuyé
De ce Public le vain caprice ?
Ne paroit-il pas ennuyé

De la touchante *Bérénice* ?
Ne voit-il pas le *Fagotier* (1)
Plus ſouvent que le *Miſantrope* ?
Pour *Taconet* le *Savetier*
N'a-t-il pas oublié *Mérope* ?
Suis ce Public aux Boulevards ;
Vois-y la Nation entiere,
A la honte des plus beaux arts,
Préférer *Scaron* (2) à *Moliere*,
A ſes jugemens incertains
Toi-même tu devois t'attendre ;
Ce *Zulika* (3) pouvoit t'apprendre ;
Quels ſeroient un jour tes deſtins :
Lorſque tu l'offris au Parterre,
(Tu n'en as point fait un myſtere)
Ce Public, toujours inégal,
Claqua le jeune Mouſquetaire
Et ſiffla ſon vieux Général.

---

(1) Le Médecin malgré lui.

(2) Les Battus payent l'amende, *Proverbe dans le genre des Comédies* de Scaron, *a eu plus de trois cens repréſentations ſur le Théatre* de Jeannot.

(3) Zulika, *Tragédie que* M. Dorat *fit jouer en* 1760 ; *étant alors aux Mouſquetaires. C'eſt-à-peu-près le même fond que celui de Pierre-le-Grand.* M. Dorat *dit dans la Préface de cette derniere Tragédie, que le vieux* Crébillon s'étoit chargé de refaire le cinquieme Acte de *Zulika*, que les quatre premiers Actes furent reçus avec tranſport, mais que le cinquieme, ſur lequel il comptoit le plus, échoua.

RÉPONSE DE M. DORAT

A M. le Chevalier DE CUBIERES.

JE touche à mes derniers inſtans ;
L'ardente ſeve de la vie
Ne circule plus dans mes ſens :
Juge de mes malheurs, juge de mes tourmens,
Hélas ! ſans douce rêverie,
Je vois renaître le printems.
La terre vainement plus riante & plus belle,
Étale à mes regards ſa parure nouvelle,
Tout recommence à vivre & tout eſt mort pour
moi.
Du Nocher infernal la ſombre voix m'appelle,
Le chant même de Philomele
Ne m'inſpire que l'effroi.
Mais les ſons de ta voix ſuſpendent mon martyre ;
De Tibulle tendre rival,
Je n'ai pas tout perdu, tout ne va point ſi mal ;
Un ami me conſole au moment où j'expire.
Quand l'homme a parcouru ſon cercle limité,
Ciel ! avec quel éclat à ſon heure derniere
Se préſente la vérité !
C'eſt du fond du tombeau que cette Déïté
Fait jaillir toute ſa lumiere.
Sur ce globe, entre nous, quels ſoins m'ont
occupé ?

Long-tems j'eus le malheur de croire
(Et je fus comme un autre à ce piége attrapé ,)
Qu'on n'étoit ici - bas heureux que par la gloire.
D'abord je fis des Madrigaux
A peu près pour toutes les Belles ,
Armé de ces fripons , je courus les ruelles ,
J'y trouvai de certains rivaux
Moins profonds dans ces bagatelles ,
Qui jouirent ſouvent du fruit de mes travaux.
Bientôt on me vit ſur la Scène
Tantôt couronnant de Cyprès
Le front ſanglant de Melpomene ,
Tantôt de la folie humaine
Ebauchant de légers portraits.
Dans ſa gaîté plus que folâtre ,
Avec quelque rigueur le Public m'a traité ,
Je l'avois peut-être irrité
Par mon ardeur opiniâtre ,
Par mon goût ſcandaleux pour l'immortalité :
Mais je le remercie avec ſincérité
En quittant un plus grand Théatre.
Qu'avois-je à faire de courir
Cette carriere affreuſe où la haîne & l'envie
Flétriſſent le laurier qu'on s'apprête à cueillir ?
Excepté les momens où je chantai Délie ,
Le ſeule que j'ai du chérir ,
Excepté les momens conſacrés au plaiſir ,
Que j'en ai perdus dans ma vie !

Je

Je ſens plus que jamais, que vivre, c'eſt jouir;
Devois-je n'adopter cette philoſophie
Qu'à l'inſtant où je vais mourir ?
Ami, garde-toi bien de ſuivre mon exemple :
Tes pinceaux tendres & brillans
Au ſommet d'Helicon doivent t'ouvrir le Temple
Où l'immortalité couronne les talens.
Du Ciel tu reçus en partage
Cette facilité, don funeſte & charmant
Qui trop ſouvent, hélas ! du Poëte volage
Fait le plaiſir & le tourment :
Crains cette perfide Sirène ;
Vers des écueils cachés tôt ou tard elle entraîne ;
Les pleurs & les regrets ſont alors ſuperflus.
Polis tes vers long-temps, des vers faits avec peine
Avec plaiſir ſont toujours lus.
Adieu ! Qu'il eſt cruel le mot que je prononce !
Ma fin s'approche, tout l'annonce,
Hélas ! & cet adieu peut-être eſt le dernier (*) ;
Peut-être quand tes yeux liront ces caracteres
Les miens ſeront fermés à la clarté du jour,
Et ton ami peut-être au ténébreux ſéjour
Aura joint l'ombre de ſes Peres.

(*) Ce vers étoit ſans rime dans le Manuſcrit de M. DORAT.

VERS

*A M. le Chevalier de C*****, qui me reprochoit de n'en avoir point fait sur la mort de M. Dorat.*

Sous la faux de la Mort, lorsque Dorat succombe,
Pourquoi me reprocher d'étouffer mes accens?
Ah! mon ame, dans ces instans,
Pour s'unir à son ame, erre autour de sa tombe.
Quand il a tout perdu, le cœur n'emprunte pas
Les vaines clameurs du Poëte;
Et s'il faut d'un ami déplorer le trépas,
Je sens que ma lyre est muette.
Remplis & les monts & les bois
Des tendres accens de la tienne,
Les pleurs dont j'inonde la mienne
La font discorder sous mes doigts.
Ils reviendront ces jours & plus doux & plus calmes,
Où d'un Auteur chéri célébrant les succès,
Je pourrai marier à ses nombreuses palmes
Quelques branches du noir Cyprès!
Toi, cependant, poursuis ta brillante carriere:
Celui que nous pleurons tous deux,

Tu pourras le rendre à mes vœux.
Oui, *Dorat* n'est pas mort, il revit dans *Cubiere*.
Je retrouve, en tes vers, son style séducteur,
Cet Art plus difficile, & qu'il tenoit d'*Horace*,
D'approfondir sans pésanteur
Et d'effleurer tout avec grace;
Je te vois sur le Pinde assis auprès de lui;
Et, d'une perte irréparable,
Tu me consolerois, en ce jour déplorable,
Si l'on se consoloit de celle d'un Ami.

M. de Laus de Boissy.

REPONSE

A M. de L. de B..

On ne désarme point l'envie,
Cette détestable furie
Se plait au milieu des tombeaux,
Elle vient les souiller de son haleine impie,
Et des graces & du génie
Déchirer les derniers lambeaux.
Hélas! si j'ai mêlé mon hommage éphemere
A l'Hymne (*) saint de l'amitié,

(*) Allusion à *l'Épitre à l'Ombre d'un Ami*, imprimée ci-dessus.

De la douleur la plus sincere
Si j'ai partagé la moitié,
C'étoit pour prévenir la rage
De ce monstre ennemi des morts & des vivans,
C'étoit pour étouffer les cris de ses serpens ;
De la nef d'un ami prête à faire naufrage
Sur les flots du Permesse en butte à tous les vents,
J'ai voulu détourner l'orage,
De quoi m'ont servi mes accens ?
Leur douce expression dans les airs s'est perdue ;
Et tandis que ma Lyre est restée appendue
Au funebre Cyprès témoin de mes douleurs,
Le monstre indigné de mes pleurs
S'est écrié soudain : » De cet Auteur frivole
» Pourquoi regretter les talens ?
» Il n'avoit que de faux brillans,
» Le louer est un crime. » Il dit, siffle & s'envole :
De tels discours, tu le conçois,
Ont rouvert tout à coup la source de mes larmes,
Et de nouveau plongé dans de vives allarmes,
J'ai cru perdre un ami pour la seconde fois.
Ton silence n'est point un crime,
La douleur qui se tait est quelquefois sublime ;
Mais pourquoi dans tes vers qu'avec peine j'ai lus
Et que pourtant j'aime à relire,
Flattes-tu l'Ami qui respire
En louant l'Ami qui n'est plus ?
La louange est permise & non la flatterie :

Que d'un encens peu mérité
On enivre les Rois & qu'on les déïfie,
Ils ne s'en fâchent pas ; moi d'une bouche amie
Je n'attends que la vérité.
De l'immortel Dorat qui moi ! ſuivre les traces !
Ah ! j'y prétendrois vainement ;
Chéri, favoriſé des graces,
Dorat fut leur Poëte ainſi que leur amant,
Il nous rendit Ovide & quelquefois Tibulle,
Je ſuis de cet Auteur charmant
L'admirateur & non l'Emule,
Ses vers vivront un ſiecle & les miens un moment.
Les miens ! qu'ai-je dit ? Ah ! ma Muſe
D'un jeu ne fait point un tourment,
Qu'un autre ſe tue en rimant,
Plus heureux & plus ſage en rimant je m'amuſe,
Qu'au ſeul objet de mon ardeur
Mes foibles écrits puiſſent plaire :
Je n'attends point d'autre ſalaire,
Je borne-là ma gloire ainſi que mon bonheur.
Fidele & vrai dans mes tendreſſes,
Je n'eus jamais, jamais je n'aurai deux Maîtreſſes,
Je ſens trop le prix d'une, adopter tous ſes goûts,
Sans ceſſe l'adorer, en être aimé ſans ceſſe,
Paſſer ma vie à ſes genoux,
Voilà tout ce qui m'intéreſſe :
Tels ſont tous mes projets, mes beſoins & mes vœux :

Peut-être qu'autrefois j'idolatrai la gloire,
Je ne ſuis plus le même & l'on peut bien le croire,
Qu'importent ſes lauriers quand on eſt amoureux?
Qu'un Poëte vanté, qu'un Scélérat aimable,
Soient accueillis, fêtés dans un monde agréable,
L'amant fidele eſt ſeul heureux.

Par M. le Chevalier DE CUBIERES.

AUX MANES DE DORAT,

O MON ami, tu meurs! atteinte preſſentie!
Mais dans quel jour je la reçoi!
Époque vraiment inouie!
Dure fatalité qui dut marquer ma vie,
Et qui force à parler de ſoi
Quand la douleur veut qu'on s'oublie!
Ta derniere penſée a donc été pour moi,
Et ton dernier vœu pour ma gloire! (*)
Ce trait peut-il jamais ſortir de ma mémoire
Et de ce cœur qui fut à toi?
La peine & le plaiſir, telle eſt la loi commune,
S'étoient toujours ſuivis, précédés tour-à-tour;

(*) Qu'on m'apprenne le plutôt qu'il ſe pourra le ſuccès de la Veuve du Malabar, cela me fera paſſer une bonne nuit. *Voilà les dernieres paroles de M.* DORAT.

Le bonheur pour moi ſeul eſt dans le même jour
Etouffé ſous mon infortune ;
Quelle joie en mon ame eût pu trouver accès ,
Mon Laurier ! Qu'ai-je dit ? La tige en eſt flétrie ,
J'en ai vu ſortir ton Cyprès ;
J'ai bu la céleſte ambroiſie
Dans le vaſe amer des regrets.
Abſent , je te cherchois d'un œil involontaire ,
A ce Spectacle où tu cueillis
La Palme du *Célibataire* ,
En dépit de tes ennemis ;
A ce Théatre où le ſuffrage
De ton eſprit exempt des mouvemens jaloux ,
Eut au deſtin de mon ouvrage
Ajouté des charmes ſi doux.
Mais tu n'és plus , & de ténebres
J'ai vu couvrir la ſcène en ces cruels momens ;
Au lieu des applaudiſſemens ,
Je n'ai plus entendu que des hymnes funebres ;
Au lieu de jouir , j'ai frémi ;
La douleur rempliſſoit mon ame ;
Et des pleurs que peut-être a fait verſer mon Drame ,
J'ai détourné le cours vers l'urne d'un ami.
Hé ! quel mortel , ô gloire épris de ton phoſphore ,
Par la publique voix aux Cieux fut-il porté ,
Dans les pertes du cœur peut reſpirer encore

Les parfums de la vanité ?
Malheur irréparable ! ami doux & facile,
Nouveau Quintilius à jamais regretté,
Tu manqueras sans cesse à mon cœur attristé ;
Par ma douleur au moins j'imiterai Virgile.
Lorsque privé de Colardeau,
Tu jettois des fleurs sur sa cendre,
Ah ! comme lui dans le tombeau,
Tu devois donc si-tôt descendre ;
Comme lui, jeune encor, dans ta course arrêté,
Objet d'intérêt & d'allarmes,
Tu devois pour les Arts, pour la Société,
Rouvrir une source de larmes !
Aussi fécond qu'Ovide & souvent son rival,
En graces où trouver ton maître,
En honnêteté ton égal ?
Déja ton nom célebre & si digne de l'être,
Ornoit mes Vers. Ah ! dans ce jour de deuil
Devoit-il donc y reparoître,
Pour t'y montrer dans le cercueil ?

Par M. LE MIERRE, de l'*Académie Françoise.*

APOLOGIE
DE COLARDEAU.

AVIS DE L'IMPRIMEUR.

L'Ouvrage ſuivant étoit deſtiné à paroître dans le Mercure de France, je crois qu'il n'y a pas été inſéré à cauſe de ſa longueur, il m'eſt tombé entre les mains en même-tems que l'Eloge de Dorat, *il m'a paru que ces deux productions étoient faites pour aller enſemble, non-ſeulement parce que les deux Poëtes qu'on y défend étoient amis & rivaux, mais encore parce que ces deux Ouvrages ſont du même genre & du même Auteur.*

APOLOGIE DE COLARDEAU,

OU

LETTRE

A MESSIEURS

LES AUTEURS DU MERCURE,

Au sujet d'un Extrait de M. de la Harpe.

MESSIEURS,

Un Littérateur de ma connoissance eut l'hiver dernier le projet de donner au Public un Recueil de Poésies sous le titre de *Tribut des Muses.* Je lui envoyai quelques vers & des notes sur les Auteurs morts les années précédentes. Parmi ces notes il s'en trouvoit une flatteuse mais juste sur M. Colardeau. C'est avec la plus grande surprise que je viens de voir dans le dernier Mercure d'Août cette note réfutée presque mot à mot par M. de la Harpe. Si mes éloges ont du paroître exagérés à quelqu'un, je n'aurois jamais cru que ce fut à lui. Je me disois : si M. de la Harpe contredit jamais les éloges que je prodigue à Colardeau, il rétractera d'une maniere indirecte ceux qu'il lui a déja donnés. Ces deux choses ne pouvoient se concilier dans ma tête. M. de la Harpe vient de me prouver que rien ne lui est impossible : il avoit comparé Colardeau au Tasse dans son Discours académique; il vient, dans le Mercure, de le mettre presqu'au-dessous de rien.

S'il ne s'agissoit que de défendre ma note, je me garderois bien de répondre à M. de la Harpe. Je me suis fait une loi de ne répondre à des critiques qu'en me corrigeant; ce n'est donc point ma cause que je vais plaider : mais j'ai beau vouloir n'entrer pour rien dans cette discussion, & ne m'occuper que de M. Colardeau, ma position est telle, que je ne puis venger sa mémoire sans défendre mon jugement, & que son apologie entraînera nécessairement ma juſtification. On ſera ſurpris peut-être de cet intérêt que je prends à M. Colardeau ; je dois en faire connoître les motifs. Je l'ai rencontré cinq ou ſix fois dans la ſociété ; la premiere fois que je le vis, je découvris en lui de la candeur, une ſenſibilité douce, une timidité aſſez ſemblable à la pudeur, une modeſtie indulgente, & cette organiſation délicate qui, ne permettant point à l'ame de s'ouvrir aux paſſions fortes, n'y laiſſe entrer que ces ſentimens paiſibles qui font le charme de la vie, & la rendent heureuſe ſans la troubler. Ces qualités touchantes me charmerent : je crus m'appercevoir qu'il exiſtoit une grande analogie entre nos ames, s'il n'en exiſtoit aucune entre nos talens, (car je regardois cet écolier (1) comme mon maître) ; & quand il mourut je le pleurai comme un ami que les Muſes devoient me donner.

---

(1) *Ce n'eſt plus Armide qui parle, c'eſt un écolier qui fait une antithèſe*, dit M. de la Harpe, en parlant de l'Héroïde *d'Armide à Renaud.*

Comme un peu de méthode ne gâte jamais rien, je diviserai cette lettre en deux parties : dans la premiere je parlerai des Tragédies de Colardeau, & dans la seconde de ses Piéces fugitives. Ce travail exigera beaucoup de citations. si l'ouvrage vous paroît trop long, je vous prie, Messieurs, de le diviser aussi & de le faire insérer dans deux Mercures différens. Cependant ne croyez pas que j'abuse de votre complaisance. Je citerai le moins qu'il me sera possible, & seulement lorsque j'aurai besoin d'appuyer mes raisonnemens par des exemples.

Voici ce que j'ai dit dans ma note au sujet des Tragédies : « *Le public qui avoit* » *admiré les vers d'une Héroïde inférieure à* » *celle de Pope, ne fit pas attention que les* » *vers d'Astarbé & de Caliste égaloient ceux* » *de Racine, & annonçoient un successeur* » *de ce grand homme* ». Qu'y a-t-il donc de si répréhensible dans cette phrase ? Si j'eusse dit que Colardeau avoit dans ses plans le jugement exquis, la raison profonde, l'économie heureuse, l'ordonnance admirable, quelquefois même l'adresse infinie, mais imperceptible, qui regne dans quelques piéces de Racine, j'aurois dit une bévue, & mérité le courroux de M. de la Harpe. Je sais que l'œil de Colardeau ne voyoit que confusément tous les ressorts d'une machine dramatique, qu'il tenoit d'une main peu sûre tous les différens fils d'une intrigue, qu'il les embrouilloit quelquefois au lieu de les démêler; & que ne pouvant plus les dénouer, sa raison restoit égarée dans ce labirinthe: je sais que ses incidens étant mal motivés, son dialogue en souffroit quelquefois, parce qu'un personnage ne peut parler naturellement que lorsqu'il est dans une situation naturelle, & que le style d'un ouvrage est forcé chaque fois que le plan est contraint; mais je n'ai point donné à Colardeau le génie de Racine, je n'ai point parlé de la maniere dont il inventoit, je n'ai parlé que de celle dont il écrivoit: cette derniere me plaît infiniment, je l'avoue, & je crois que si Racine avoit pu faire présent à Colardeau de son plan d'Iphigénie, Colardeau auroit écrit cette piéce aussi bien que Racine l'a écrite, & peut-être même avec un sentiment plus exquis de l'harmonie; il n'y auroit surement pas laissé ce vers qu'on ne peut prononcer qu'en sifflant cinq ou six fois.

J'offris sur ses autels un secret sacrifice.

M. de la Harpe prétend que les sujets de M. Colardeau étoient *fort malheureux*. J'en conviens avec lui, & c'est sans doute ce qui a le plus nui à la réputation dramatique de M. Colardeau. Il prétend que son *style* est *facile*, mais *foible*, il prétend que *parmi beaucoup de fautes on y trouveroit quelques vers bien tournés*, mais *pas un de situation, pas un morceau de sentiment, pas un d'éloquence dramatique*, il prétend que *le dialogue manque de justesse, que les caracteres sont mal dessinés, & les situations mal motivées*. Il ajoute, avec un ton un peu Magistral: *Le jeune homme, auteur de la note, ne seroit-il pas un peu confus, si en essayant l'examen des deux Tragédies de Colardeau, on lui faisoit voir les contresens de scène en*

scène,

ſcène, un dialogue (il revient au dialogue) *vague, incorect, découſu, ſans expreſſion, ſans effet, enfin ſi on lui propoſoit de citer une ſeule page qu'on puiſſe comparer de très-loin à une page quelconque de Racine, ſoit pour la diction, ſoit pour les ſentimens.* Quel jugement! M. de la Harpe prétend que le mien eſt peu réfléchi : quelle épithéte donnera-t-on au ſien? Traiteroit-il les Piéces de Scuderi, de Pradon, de Boyer avec plus de mépris? Mais M. de la Harpe ne feroit-il pas un peu confus lui-même ſi on lui faiſoit voir que ſon jugement eſt non-ſeulement dur & injuſte, mais encore beaucoup moins réfléchi que le mien? Je viens de relire avec attention *Aſtarbé & Caliſte.* Le plan m'en a paru en effet très-défectueux : mais le ſtyle de ces Piéces eſt en général pur, ſoigné, élégant, toujours noble, toujours élevé, ſouvent plein de force, & le Dialogue ne manque pas toujours, à beaucoup près, de vérité, de ſentiment & de naturel. Si Racine n'eût jamais compoſé que la *Thébaide & Alexandre*, n'eſt-il pas vrai qu'on auroit pu appercevoir dans ces deux Piéces, toutes foibles qu'elles sont, le germe de ses grands talens? Que dis-je? ne l'y a-t-on pas apperçu lorsqu'elles ont paru, & n'ont-elles pas annoncé à la nation l'Ecrivain tragique le plus parfait? M. Colardeau étoit jeune lorsqu'il fit *Astarbé* & *Caliste* : sa mauvaise santé le força de sortir de la carriere; mais puisque dans sa seconde Piéce on apperçoit un progrès très-marqué, qui sait si sa troisieme n'auroit pas été aussi belle qu'Andromaque? M. Colardeau est un de ces Ecrivains rares auxquels on doit tenir compte même de ce qu'ils n'ont point fait. Pourquoi ne penserois-je pas de lui d'après ses premieres esquisses, ce que dans les mêmes circonstances on a pensé de Racine? Je suis loin d'avoir, comme Despreaux, le droit de juger un Auteur contemporain; mais pourquoi n'en aurois-je pas le courage? M. de la Harpe veut que l'on attende le jugement du tems : le tems est en effet le juge le plus sûr des productions du génie: mais ses arrêts se manifestent quelquefois bien tard. Il y a des exemples qui doivent faire trembler M. de la Harpe & tout homme qui a de grands tàlens. Le chef-d'œuvre du Théatre, & peut-être de l'esprit humain, *Athalie*, est restée ignorée pendant quinze ans. Cet ouvrage dont un jour suffisoit pour faire sentir toute la beauté, le tems l'a mis bien tard à sa place. Pourquoi ne pas dévancer les arrêts de ce juge suprême? Pourquoi ne pas monter à son tribunal? Pourquoi ne pas lui demander fiérement la vérité ou le forcer de la dire, comme autrefois on forçoit Prothée à révéler ses secrets, & les Pithonisses à rendre leurs oracles? On a imprimé dans ce siécle une grande quantité de piéces de Théatre : qui sait s'il n'y a pas encore parmi elles quelque Athalie qui languit dans l'obscurité? Soyons vrais. Le temps ne peut rien sans les hommes : ce sont les hommes qui sont les seuls dépositaires de la vérité; mais les hommes sont vains, jaloux, envieux, indifférens sur le sort du génie, pour n'être pas forcés de lui rendre hommage, l'admiration est pour eux un sentiment pénible qu'ils repoussent de leur ame le plus long-tems qu'ils peuvent, & qu'ils n'y admettent que lorſque le génie qu'ils ont perſécuté les éblouit enfin & les accable de ſa lumiere. Voilà pourquoi il y a eu en tout tems des talens méconnus, ignorés & opprimés: voilà pourquoi on n'a rendu juſtice à l'ouvrage inégal de Lucain que très-longtems après la mort de ce Poëte; voilà pourquoi on a fermé les yeux pendant vingt ans ſur les beautés du Taſſe: voilà pourquoi enfin, ſans Addiſſon, le beau Monſtre de Milton ſeroit peut-être inconnu parmi nous. M. de la Harpe dit que *le Tems amene pour l'Envie le moment du ſilence*; Homère ſe tait depuis bien des ſiécles, & l'Envie parle encore.

Mais j'oublie ce que j'ai à prouver. Je prouve en citant.

SCENE IIIe du Ve Acte de Caliſte.

Le Théatre repréſente un appartement tendu de noir. On voit ſur l'un des côtés une table où eſt une coupe empoiſonnée.

SCIOLTO.

O ſoutien des Héros! Amour de la Patrie

Etouffe dans mon ſein la nature attendrie !
Qu'un pere qui punit a beſoin de vertu !

CALISTE, *à part.*

Relevons à ſes yeux mon courage abattu
Qu'il reconnoiſſe en moi l'éclat de ſa famille,
Soyons digne de lui.

SCIOLTO.

Tu fus jadis ma fille.

CALISTE.

Malheureux le moment où mon cœur égaré
Ceſſa de mériter ce nom doux & ſacré.

SCIOLTO.

Sais-tu que nos tyrans n'attendent que l'aurore
Pour lancer ſur nos murs un feu qui les dévore?
Qu'ils vont punir ſur nous nos projets découverts
Ou vainqueurs dédaigneux nous propoſer des fers?
J'oppoſe à nos dangers une vaine prudence,
Altamont que ſéduit un rayon d'eſpérance
Hors des murs du Palais par ſon zele entraîné
En ce moment peut-être expire aſſaſſiné.
As-tu prévu ces maux?

CALISTE.

Eh! pourquoi me les peindre?
Je les ai tous cauſés; je vois ce qu'il faut craindre
Et ma honte.....

SCIOLTO.

La honte eſt un de ces malheurs
Que ne réparent point les regrets & les pleurs.

CALISTE.

Mon cœur n'ignore point ces vérités terribles :
Je connois mes deſtins, hélas !... ils ſont horribles.

SCIOLTO.

Dis-moi.... De tous les biens diſpenſés par le ſort
Quel bien préferes-tu ?

CALISTE.

L'honneur.

SCIOLTO.

Sans lui ?

CALISTE.

La mort.

SCIOLTO.

J'applaudis à ton choix... ainſi donc ton courage
De cette affreuſe coupe a preſſenti l'uſage.

CALISTE.

Oui, mon pere, & ſans vous ce bras déterminé
Eut verſé dans mon ſein le vaſe empoiſonné.

SCIOLTO.

Sur les bords du cercueil l'humanité ſuccombe,
L'œil meſure en tremblant l'abîme de la tombe,
Des lenteurs du poiſon le ſupplice à ſouffrir,
Le regret de la vie & l'horreur de mourir,
Tout peut t'intimider.

CALISTE.

Eh bien, frappez vous-même,
Percez ce triſte cœur qui vous craint, mais vous aime.

SCIOLTO, *tirant ſon poignard.*

Tu préviens ma penſée, & tel eſt mon deſſein.
Vois-tu ce fer?... Hélas! il tremble dans ma main.
La pitié, malgré moi, rappelle à ma mémoire
Le tems de tes vertus & celui de ma gloire,
Ce tems où ma fierté rendoit graces aux Dieux
D'avoir tranſmis en toi le ſang de mes ayeux.
Incertain, déchiré, je flotte & délibere:
Je n'oſe te punir & frémis d'être pere.
Tumultueux combat où d'une égale voix
La nature & l'honneur ſe diſputent leurs droits.
Ma fille..... Ah! malheureux!

CALISTE.

Quoi vous verſez des larmes!

SCIOLTO.

Les traits du repentir, ta jeunesse, tes charmes,
Hélas! tout m'attendrit.

CALISTE.

La mort est mon espoir.

SCIOLTO.

(Portant la main à son poignard, & lui présentant la coupe, en détournant les yeux).

Eh! bien, je vais.... mais non, tiens, prends, fais ton devoir.

CALISTE.

Ah! j'y consens.

SCIOLTO.

Arrête..... O nature! ô tendresse!
O ma chere Caliste, épargne ma foiblesse.
Hélas! je me croyois un cœur plus inhumain.
J'ai tenu la balance avec un bras d'airain:
Vengeur de mon pays, vengeur de ma famille;
En Juge indifférent, j'ai condamné ma fille;
Ma farouche vertu se borne à cet effort;
Mes yeux ne feront point les témoins de sa mort.

CALISTE.

Pourquoi me fuir? Vos mains......

SCIOLTO.

Non, fille infortunée,
Que ta ſeule vertu regle ta deſtinée,
Le danger preſſe.... Entends ces cris ſourds & confus.

CALISTE.

Hélas !

SCIOLTO.

Adieu, je ſors & ne te verrai plus.

Je demande ſi le dialogue de cette ſcène manque de juſteſſe, s'il eſt incorrect, vague, découſu, ſans expreſſion, ſans effet. La réponſe sûrement ne ſera point favorable à M. de la Harpe.

Pourſuivons l'examen de Caliſte. Je conviens que le plan de cette Piéce n'eſt pas bon. Lorſque Lothario propoſe d'épouſer Caliſte, Sciolto, pere de cette derniere, a tort de la refuſer, quelque raiſon qu'il puiſſe avoir de le haïr : Caliſte a le même tort ; Lothario eſt un ſcélérat dont rien ne peut excuſer le crime, pas même ſon amour forcené : mais l'hymen peut le réparer en quelque ſorte, & c'eſt ſur les refus de ſa propoſition, peut-être juſtes, mais malentendus que la Piéce eſt fondée preſqu'entiérement. Cependant, quoique le malheur de Caliſte ſoit à-peu-près irrémédiable, elle inſpire une ſorte d'intérêt, vû qu'elle aime encore celui qui l'a outragée. Cet intérêt eſt foible, j'en conviens : mais je conviens auſſi que je connois peu d'actes auſſi bien écrits que les deux premiers de cette Piéce. M. de la Harpe prétend qu'il n'y a pas *un vers de ſituation, pas un morceau de ſentiment*, &c.... On va voir s'il a raiſon. Caliſte vient d'avoir une converſation avec Altamont, rival de Lothario : elle craint d'avoir trop parlé, & que ſa honte & le crime de Lothario n'ayent été découverts. Depuis le malheur qui lui eſt arrivé, plongée dans la douleur & dans les larmes, elle étoit peu ſortie de ſon appartement, Lucile lui dit :

Pourquoi du ſein de l'ombre & de la ſolitude
Traîner ici le poids de votre inquiétude ?
Pourquoi vous refuſer au ſoin de ma pitié ?
Si vous en euſſiez cru les vœux de l'amitié,
Au fond de ce Palais renfermant vos allarmes,
On n'eut point en ces lieux interrogé vos larmes.

Malheur à l'ame froide qui ne sentira pas combien ce dernier vers est heureux, combien sur-tout cette expression *interrogé vos larmes* est neuve & poétique, & combien elle est adroite dans la situation ou se trouve Caliste. Cette situation étoit difficile à faire entendre, l'Auteur la rend trois ou quatre fois de la maniere la plus heureuse.

Sur la foi de mes pleurs approuvez mes refus,
Altamont, j'ai rendu justice à vos vertus,
Nul mortel à mes yeux ne parut plus aimable,
Mais telles sont les loix du destin qui m'accable,
Que même par honneur insensible à vos soins,
Je dois trahir vos feux ou vous estimer moins.

C'est ainsi que Caliste parle à Altamont qui la presse de l'épouser. Ces vers-là ne sont point de situation ? Caliste dit ailleurs à Lucile :

Lucile, il est des maux qu'on n'ose confier.
L'innocence rougit de s'en justifier.

Ces vers-là ne sont pas de situation ?

Lorsque dans la troisieme scène du second Acte Sciolto vient dire à sa fille que

Lothario va ſoumettre les Corſes mutinés ; qu'il va partir, qu'il part, & qu'elle s'écrie :

Tombe ſur moi la foudre !
Il part, vous l'ordonnez, il a pu s'y réſoudre !

Il n'y a pas-là de ſituation ? Que le Lecteur ſuppoſe un moment que Caliſte eſt ſa ſœur, il ſentira combien il eſt affreux pour cette infortunée de ſe ſéparer pour jamais peut-être de l'homme qui l'a outragée, & qui pouvoit ſeul réparer cet outrage. Lorſqu'Agamemnon dit à Iphigénie : *Vous y ſerez, ma fille*, nous frémiſſons pour elle, parce que nous prévoyons qu'elle ſera immolée, ne devons-nous pas frémir davantage pour Caliſte, lorſque ſon pere lui annonce qu'elle va être déshonorée à jamais. Iphigénie ne doit perdre que la vie ; Caliſte doit perdre l'honneur : depuis quand la premiere eſt-elle préférable à l'autre ? Je vois-là de la Tragédie, ou il n'y en a nulle part.

Que ſais-je ?... En préparant ces poiſons deſtructeurs
Peut-être que mon pere y mêla quelques pleurs.

Ces vers tirés d'un monologue du cinquieme Acte ne sont-ils pas de situation & de sentiment? Je le demande à M. de la Harpe lui-même : Caliste les prononce en portant à ses levres innocentes le poison que son pere sévere mais sensible lui fait préparer. Enfin M. de la Harpe croît qu'il est impossible de trouver dans Colardeau une seule page que l'on puisse comparer de très-loin à une page quelconque des Tragédies de Racine; je pourrois lui en citer plusieurs : je me contenterai de mettre la suivante sous les yeux du Lecteur.

Gênes toujours esclave & toujours divisée
Quitta, reprit cent fois sa chaîne mal brisée.
Nos murs tumultueux renferment dans leur sein
Une Noblesse, un peuple indociles au frein,
Deux partis opposés qui des droits de l'épée
Soutiennent tour-à-tour leur puissance usurpée :
Mais qui d'un œil jaloux l'un par l'autre observés,
Sont souvent abattus aussi-tôt qu'élevés;
Les Nobles décorés des plus superbes titres
Sous des noms différens ont été nos arbitres;
Les Ducs anéantis, les Comtes ont regné;
Mais bientôt de ses fers le Génois indigné
Osa se révolter, osa se rendre libre,

Entre les grands & lui mit un juste équilibre;
Créa pour leur orgueil l'honneur du Consulat,
Et fit asseoir près d'eux ses Tribuns au Senat.
Heureux jours, mes amis, où les aîgles romaines
Sembloient revivre encor pour s'envoler vers
Gênes;
Où des débris fumans du trône des Césars,
Nos ayeux construisoient d'invincibles remparts.
Hélas! tout fut détruit, & les guerres civiles
D'un feu plus dévorant consumerent nos villes.
Lasse des longs débats & du peuple & des grands,
Gênes à ses voisins mendia des tyrans,
Et l'on vit dans nos murs le François & l'Ibere
Etablir tour-à-tour leur puissance étrangere;
Mais tous pour gouverner l'impétueux Génois,
Apporterent ici d'insuffisantes Loix.
Enfin parmi les cris, le meurtre & le ravage
Un Doge fut élu dans des jours de carnage.
De ce titre funeste un Prêtre est revêtu.
Sur les débris épars de son siége abattu
Relevons le Senat & l'antique Tribune.
Mais pourquoi des combats éprouver la fortune?
Malheureux le vengeur entouré de tombeaux
Qui porte chez les siens le glaive & les flambeaux!
N'allons point, ô mon fils, au milieu des ruines
Rappeller les horreurs des guerres intestines.
Vuide de légions Gênes peut aujourd'hui
Rejetter sans efforts un tyran sans appui.

Enfin pour mieux tromper ſa prudence étonnée
De ma fille avec vous célébrons l'hymenée,
Et que ces nœuds ſi chers préparés par l'amour,
De notre liberté conſacrent le retour.

M. de la Harpe s'attachera peut-être à critiquer cette tirade, préciſément parce que je la cite. Il le peut, j'y conſens. Qu'il y trouve des foibleſſes, des incorrections, des barbariſmes même, pour moi j'y admirerai toujours la maniere élégante & rapide avec laquelle l'Auteur a peint les différentes révolutions arrivées au gouvernement de Gênes. Que dis-je ? N'eſt-ce point avec cette ſimplicité noble, avec cette netteté, avec cette hardieſſe d'expreſſions que Racine écrivoit? Et ſes premiers ouvrages même, ſans en excepter Andromaque, où l'on trouve les vers ſuivans.

Pour bien faire il faudroit que vous le prévinſſiez....
Je ſouffre tous les maux que j'ai faits devant Troye...
Brûlé de plus de feux que je n'en allumai.....
Oui, c'eſt vous dont l'amour naiſſant avec leurs charmes
Leur apprit le premier le pouvoir de leurs armes....

Enfin je viens à vous, & je me vois réduit
A chercher dans vos yeux une mort qui me fuit......
Ah ! qu'un ſeul des ſoupirs que mon cœur vous envoie
S'il s'échappoit vers elle y porteroit de joie !....

Les premieres Piéces de Racine, dis-je, ont-elles la pureté & l'élégance qui regnent dans Caliſte ? Quant à la Piéce Angloiſe qui n'eſt point d'Otwai (*), je ne penſe pas que M. Colardeau ne l'ait pas embellie. Le Lothario de cette Piéce eſt un petit Maître toujours ſautant & danſant, qui ſe vante à tout le monde d'avoir eu les faveurs de Caliſte. Voici comment il raconte ſa bonne fortune à un certain Roſſano, ſon ami.

LOTHARIO.

Écoute : je te dirai qu'une nuit lorſque tous les yeux étoient fermés par un profond ſommeil, la lune & les étoiles brilloient ſeules dans l'univers, j'étois ſeul dans la rue, un peu chaud de vin, je grimpai à ſa fenêtre & entrai heureuſement dans ſa chambre.

(*) M. de la Harpe s'eſt trompé. *La belle Pénitente* ou *Caliſte* n'eſt point d'Otwai ; elle eſt de Rowe.

ROSSANO.

ROSSANO.

Ce moment fut ſans doute heureux.

LOTHARIO.

Oh ! des plus favorables. Je trouvai la belle Caliſte endormie, l'amour ſeul veilloit. La vertu & la fierté, gardiens ordinaires de l'honneur, dormoient ainſi qu'elle. Sa poitrine étoit agitée. Son imagination ſembloit mettre quelque trouble dans ſon ame. Je la conſidérai quelques tems : mais l'occaſion ne me permit plus de différer ; plein d'ardeur, je la ſaiſis dans mes bras : elle, avec une douce réſiſtance, & murmurant quelques reproches, me laiſſa le plus heureux de tous les hommes. A quels tranſports charmans ne nous livrâmes-nous point pendant cette nuit ? &c.

On ſent qu'un perſonnage qui parle de la ſorte n'eſt pas fort tragique. Les autres ne le ſont pas davantage & ne parlent gueres mieux.

Je dirai peu de choſe d'Aſtarbé. Le plan n'en vaut pas mieux que celui de Caliſte. Le ſtyle en eſt peut-être moins bon ; mais cela ne veut pas dire qu'il ſoit mauvais.

Connois Pigmalion. Monſtrueux aſſemblage
De crimes, de remords, & d'amour & de rage,

Teint du ſang de Sichée & du ſang de ſon fils,
Monarque environné d'un peuple d'ennemis,
Haï de ſes ſujets, en horreur à lui-même,
Eſclave infortuné d'une épouſe qu'il aime,
Emporté, furieux dans ſes plus doux tranſports,
Cruel dans ſes forfaits, cruel dans ſes remords,
Il eſt à redouter autant qu'il eſt à plaindre.
Dans ſon repentir même un tyran eſt à craindre.

Ce portrait d'un tyran m'a paru aſſez fierement deſſiné, & je crois le dernier vers ſublime.

Je ne m'abuſe point, je ſais qu'on me déteſte,
Je ſais que Tyr me voit comme un monſtre funeſte,
Artiſan de ſes maux, deſtructeur de ſes Loix,
Ennemi de ſes Dieux & tyran ſous ſes Rois.

C'eſt Aſtarbé qui dit ces quatre vers. J'ai admiré le dernier hémiſtiche *tyran ſous ſes Rois.* On ne pouvoit pas exprimer avec plus de rapidité & de préciſion l'empire que prend ſur un peuple foible la Maîtreſſe d'un tyran. C'eſt peindre à la maniere de Corneille ou de Tacite.

J'ai vu Pigmalion roulant ſur la pouſſiere
Dans cet état où l'homme au moment de périr
Joint le tourment de vivre à l'horreur de mourir.

M. de la Harpe prétend que Colardeau manque de force. La force en poésie consiste, je crois, à être précis, à ne dire ni plus ni moins que ce qu'il faut dire. Ce mérite est sur-tout celui de Racine : il est aussi celui de Colardeau. L'agonie est peinte de la maniere la plus précise & la plus frappante dans le dernier vers qu'on vient de lire. Racine n'auroit pas mieux fait. Le vers qui suit m'a paru encore fort beau dans la situation.

Un ennemi mourant vaut bien qu'on le contemple.

Astarbé expirante l'adresse à Bacazar, fils du tyran qu'elle vient d'empoisonner. Je suis fâché que les Editeurs de Colardeau n'ayent pas choisi ce moment de l'action pour en faire un tableau, & n'ayent pas mis ce vers au bas de l'estampe.

M. de la Harpe auroit deviné, dit-il, que ma Note étoit d'un jeune homme au ton tranchant qui y regne. Je demande à présent qui de nous deux a le plus ce ton. J'ai décidé sans appel & j'ai prononcé sans preuves, il est vrai : j'y étois forcé par les bornes (1) étroites où j'étois renfermé; mais que M. de la Harpe ne croye pas que cette méthode soit celle de tous les jeunes Écrivains qui ont (2) *de l'esprit & du talent.* Il y en a qui refléchissent avant que d'écrire. J'en connois un parmi eux qui n'est que juste lorsqu'on le croit indulgent : parmi ceux qui écrivent depuis long-tems j'en connois un qui n'est que sévére lorsqu'on le croit juste.

La sévérité se concilie avec la justice; j'en conviens. Est-ce dans le Jugement que M. de la Harpe a porté des *Perfidies à la Mode*, qu'on peut les trouver l'une & l'autre ? *Cette Piece*, dit-il, *n'a ni plan, ni caractères, ni intérêt, ni comique, & le style, quoiqu'assez pur, n'offre pas un seul morceau remarquable.* J'avoue que cette Comédie à peu de comique. Le moule où Molière jettoit ses Chefs-d'œuvres est brisé depuis long-tems, & je crois que c'est la faute de ce siecle : mais dans la Piece de Colardeau il y a une marche, des développemens, des caractères : les

(1) Voyez la Note du tribut des Muses.

(2) Expressions de M. de la Harpe.

deux scènes même où Florimon est pris pour l'Intendant de sa propre maison doivent faire rire, & lorsque Valmon s'appercevant de sa méprise dit :

> La méprise est possible & ne m'étonne gueres,
> Plus d'un époux chez lui n'est que l'homme d'affaires.

Il dit une chose très-vraie & très-plaisante. Quant aux morceaux remarquables de cette Piece, ils sont nombreux ; ils ont été cités dernierement dans plusieurs Journaux, ce qui me dispense de les citer ici moi-même.

M. de la Harpe s'étonne qu'un Panégiriste de Colardeau ait dit que la Lettre d'Héloïse étoit une foible copie d'un original plein de force. Pourquoi s'étonner de la vérité ? La Lettre d'Héloïse est une traduction ou une imitation. Si c'est une traduction, il est certain qu'elle est inférieure à l'original. M. l'Abbé de Lille, dans sa belle traduction des Géorgiques, n'a point surpassé Virgile, Ségrais dans sa traduction de l'Enëide ne l'a point surpassé, Annibal Caro, en Italie, Driden, en Angleterre, ne l'ont point surpassé, l'Abbé du Resnel dans sa traduction des Essais sur l'homme & sur la Critique, est resté inférieure à ce même Pope, Pope lui-même n'a point surpassé Homere, enfin il est constant qu'une traduction est presque toujours au-dessous de son modéle, pourquoi M. Colardeau auroit-il eu un privilége qui a manqué à tous ces beaux génies? Si la Lettre d'Héloïse est une imitation, elle devient un ouvrage à part, & M. de la Harpe alors n'a pas plus de raison de la mettre au-dessus de Pope, que je n'en ai eu de la mettre au-dessous.

J'ai dit que M. Colardeau avoit donné au Public plusieurs Ouvrages supérieurs à la Lettre d'Héloïse pour *l'invention comme pour le style*. M. de la Harpe est surpris de cette assertion : pourquoi s'étonner encore de la vérité? La Lettre d'Héloïse étant une traduction ou une imitation (ce que M. de la Harpe voudra) *l'Épître à M. Duhamel, le Poëme du Patriotisme*; *l'Épître à Minette*, & plusieurs Piéces fugitives, dont le fonds n'appartient qu'à

M. Colardeau, ne ſont-ils pas ſupérieurs pour l'invention à la Lettre d'Héloïſe ? La choſe me paroît inconteſtable. Il me ſera plus difficile de prouver que ces derniers Ouvrages lui ſont ſupérieurs pour le ſtyle. Le ſtyle d'*Héloïſe* eſt enchanteur : il eſt difficile à un autre que Colardeau de le ſurpaſſer ; mais je ne crois pas que Colardeau n'ait pas pû ſe ſurpaſſer lui-même. Quelle eſt la marche de l'eſprit humain ? C'eſt de faire mieux en vieilliſſant. Il eſt bien rare que les premieres productions des grands hommes ayent été les meilleures. Virgile avoit compoſé ſes Églogues avant ſes Géorgiques, la Fontaine avoit fait ſes Contes avant ſes Fables, Racine avoit donné la Thébaïde avant Britannicus, les premieres ſatyres de Boileau ne valent pas la neuvieme, l'Aurore de Corneille eut bien moins d'éclat que ſon Midi. M. de la Harpe lui-même eſt un exemple de ce que j'avance : je peux me tromper ; mais il me ſemble que le ſtyle de *Mélanie* eſt plus parfait que celui de *Warwich*, & j'aime mieux lire *l'Éloge de Fénélon* que *celui de Charles V*. Colardeau étoit un homme, pourquoi l'excepter des loix de l'humanité? Pour moi j'aime beaucoup à expliquer les choſes ſans miracles. On me dira toujours : d'où eſt venu le ſuccès prodigieux de cette Lettre d'Héloïſe? Le voici : ſi Colardeau a été malheureux dans preſque tous ſes ſujets, il a été infiniment heureux dans le choix de ce dernier. On a dévoré la Lettre d'Héloïſe, parce que c'étoit Héloïſe qui écrivoit, c'eſt-à-dire, la femme la plus ſenſible qu'il y ait peut-être jamais eu, & la plus tendre dans la ſituation, peut-être la plus délicate où une Amante puiſſe ſe trouver. Le nom d'Héloïſe étoit conſacré, que dis-je? C'eſt tout ce qui nous eſt reſté de ſon ſiecle barbare, comme l'a très-bien obſervé le Panégiriſte (*) vainqueur dans le dernier concours. Un homme de talent a fait écrire cette femme en beaux vers, & l'on a conſacré ſa Lettre. Ovide a fait écrire *Pénélope*, *Hypſipile*, *Heléne*, *Médée*, *Didon*, &c. . . . Pourquoi lit-on

(*) M. Garat qui a remporté le prix de l'Éloge de Suger.

moins les Lettres de ces Amantes que celle d'Héloïſe ? Colardeau écrit-il mieux qu'Ovide ? Je ne décide point la queſtion : mais de l'aveu de M. de la Harpe, Colardeau, dans cette Lettre, a des négligences & des inégalités, & le ſtyle d'Ovide dans ſes Héroïdes, eſt en général aſſez pur & aſſez ſoigné ; pourquoi donc lit-on plus ſouvent la Lettre d'Héloïſe ? Je le répéte : parce que c'eſt Héloïſe qui l'écrit.

D'ailleurs il faut faire encore une obſervation que je crois indiſpenſable. Les Ouvrages de Colardeau qui ont ſuivi la Lettre d'Héloïſe, ſont d'un genre bien différent de cette Lettre, dans cette derniere : tout eſt poéſie de ſentiment, dans preſque tous les autres tout eſt poéſie de deſcription : on ſait qu'il faut vaincre plus de difficultés dans ce genre-ci que dans l'autre, & un connoiſſeur pourroit bien n'avoir pas tort, en préférant les derniers Ouvrages de Colardeau, avec tous leurs défauts, à la Lettre d'Héloïſe, avec toutes ſes beautés. M. Colardeau avoit déja fait cette réflexion.

Voici ce qu'il dit lui-même dans sa Préface de l'Épître à M. Duhamel, en parlant de quelques vers techniques qui sont dans cette Épître, & qui lui avoient coûté peut-être beaucoup plus que tous ceux d'Héloïse : *ces vers toujours difficiles mais pour l'ordinaire peu brillans sont le plus souvent perdus pour la gloire de l'Auteur, le mérite de la difficulté vaincue n'est senti dans tous les Arts que par les connoisseurs. La classe la plus nombreuse du Public, s'arrête plus volontiers sur les détails de pur agrément qu'on a coloriés avec moins de peine & d'étude.* Le raisonnement de M. Colardeau est juste & le mien ne l'est pas moins. On attend peut-être que je l'appuie par des exemples tirés du premier & des derniers Ouvrages de M. Colardeau, & par des paralleles de ces différens morceaux : mais je n'en ferai rien : d'abord je me suis fait une loi de citer peu & j'ai dû me la faire. Ensuite si je transcrivois ici tel ou tel *Morceau du Temple de Gnide*, *des Hommes de Promethée*, *de la traduction de la premiere Nuit d'Young*. Tout me paroît ſi ſupérieur dans ces derniers Ouvrages que je craindrois toujours de n'avoir pas cité le plus beau. M. de la Harpe me le prouveroit peut-être victorieuſement, j'aime mieux qu'on m'accuſe d'avoir avancé un paradoxe, que d'avoir fait une gaucherie. Qu'on ſe mocque, ſi l'on veut, de la groſſiereté de mon admiration, je ne veux point exercer la fineſſe de la critique ; Colardeau étant mort ne ſentiroit point ſes piquures : mais moi, qui ai, pour ainſi dire, adopté ſes Écrits, j'en ſouffrirois beaucoup ; je veux m'épargner des chagrins, & à M. de la Harpe des triomphes. Que les Lecteurs, s'ils ont été tant ſoit peu ébranlés par mes raiſonnemens, reliſent les Œuvres de Colardeau, elles ſont ſûrement dans leurs Bibliothéques, & ſi tous s'accordent pour dire que j'ai tort, je me rendrai.

J'aime infiniment les Épîtres de Boileau ; je les préfére même à ſes Satyres : mais ſi je trouve dans ſes Épîtres beaucoup de préciſion, un choix très-heureux d'expreſſions & d'idées, cela ne doit pas m'empêcher de leur préférer l'*Épître à M. Duhamel pour la ſenſibilité*, comme je l'ai dit, *pour la grace & pour l'abandon du ſtyle*. M. de la Harpe n'eſt point de mon avis, il ne fait pas attention que la ſenſibilité de Boileau, eſt le plus ſouvent empruntée d'Horace, de Juvenal, &c. & que celle de Colardeau, dans cette Épître, lui appartient entiérement. Qu'on y liſe ce portrait qu'il y fait de lui-même.

La Campagne à mes yeux eut toujours des attraits
Un charme plus puiſſant que de vains intérêts,
Du milieu des Cités, ſans ceſſe m'y rappelle,
Elle eut mes premiers goûts & je ſuis né pour elle.
S'il eſt quelque laurier que ma main pût cueillir,
Si d'un foible talent je puis m'énorgueillir,
Si ma lyre fidele aux loix de l'harmonie
Suppléa dans mes vers au défaut du génie,
Si moins brillant que pur, plus vrai qu'ingénieux
Jamais d'un faux éclat je n'éblouis les yeux,
Aux bois, aux prés, aux champs je dois ces avantages,
C'eſt-là que j'eſquiſſai mes premieres images.....
Souvent du Roſſignol j'écoutai les chanſons,
Il inſtruiſit ma Muſe attentive à ſes ſons,
J'appris à ſoupirer ces notes languiſſantes
De la plainte amoureuſe expreſſions touchantes:

Je formai ces accords plus vivement frappés
A la joie, au plaiſir, à l'ivreſſe échappés ;
Et par ces tons divers mon oreille exercée
Sut donner à ma voix l'accent de ma penſée.
Au bord de ce ruiſſeau qui paiſible en ſon cours
Suit de ces prés fleuris la pente & les détours ;
J'appris l'art peu connu d'abandonner mon ſtyle,
Et de laiſſer couler un vers doux & facile.

Ne croit-on pas entendre la Muſique des Anges quand on lit ces vers charmans ? Quel contraſte admirable d'harmonie & d'idées dans les quatre vers que j'ai ſoulignés ! *Laiſſer couler un vers doux & facile*, n'eſt-il pas une expreſſion de génie dans le genre gracieux ? Voilà pourquoi Colardeau étoit né, pour laiſſer couler un vers doux & facile. Un ruiſſeau qui murmure, voilà Colardeau ; mais la grace chez lui n'exclut point la préciſion.

Nous verrons dans ta cour le Coq fier & ſuperbe
Pour y chercher le grain éparpiller la gerbe,
Appeller aigrement ſon ſerrail aſſoupi,
Entre mille beautés partager un épi,
Et d'un bec amoureux diſtribuer entre elles,
Des baiſers qui jamais n'ont trouvé de cruelles.

Y a-t-il dans Boileau des vers mieux faits que ceux-là ? De la molleſſe ſans affectation, de la grace ſans recherche, de l'harmonie ſans efforts, voilà les principaux caractères de la poéſie de Colardeau. Par-tout elle eſt fondue & périodique ſans enjambement, par-tout elle marche dans cet ordre inégal & varié qui charme par la beauté cachée des ſymétries & l'adreſſe imperceptible des contraſtes. Oui, ces qualités ſe trouvent dans preſque tous ſes Écrits, & cependant, excepté le premier, tous ont peu réuſſi. M. de la Harpe a beau vouloir faire entendre le contraire, j'aime mieux en croire M. Colardeau lui-même. Je l'ai entendu ſe plaindre fort ſouvent du diſcrédit où la Poéſie étoit tombée : il a même conſigné ſa plainte dans ces vers de l'Épître à M. Duhamel, que verrai-je, dit-il, dans les murs de Paris ?

L'aimable Poéſie à jamais exilée,
Aux traits du bel eſprit ſans pudeur immolée.

Et quels Ouvrages ont dû éprouver ce diſcrédit, ſi ce n'eſt ceux du meilleur Poëte qu'il y ait eu dans ce ſiecle après Voltaire, & un très-petit nombre d'autres Écrivains ?

M. de la Harpe s'appuie d'un paſſage d'une Préface de M. Colardeau ; mais dans une Préface, dit-on tout ce qu'on penſe ? Eſt-on obligé à le dire ? Dit-on au Public qu'il eſt injuſte & indifférent ? Il fut ſûrement ce dernier envers M. Colardeau, s'il ne fut pas l'autre. La ſeule Académie Françoiſe fut juſte : elle ſeule vengea le talent oublié. J'ignore ſi M. Colardeau aimoit à ſe flatter : j'en doute ; le ſacrifice qu'il fit à M. Watelet, eſt une preuve du contraire. Ce qu'il y a de ſûr, c'eſt que je n'ai aucune raiſon de me plaindre. J'ai déja donné pluſieurs écrits, il en eſt très peu qui ayent paru ſous mon nom. Quand j'en publierai ſous ce cachet que je tâcherai de rendre reſpectable, s'ils ne réuſſiſſent pas, je ne me plaindrai point. Dans un ſiécle comme celui-ci où les talens de l'eſprit ſubiſſent pluſieurs ſortes d'oppreſſion, où les notions du beau & du vrai ſont obſcurcies par le double eſprit de parti & de ſyſtême, quand un homme a bien fait & qu'il en eſt ſûr, il ne doit attendre d'autre encouragement que ſon propre ſuffrage, & d'autre récompenſe que la conviction de ſa force.

Qu'il me ſoit permis, en finiſſant, de

faire à mes Lecteurs une demande que vraisemblablement ils se sont déja faite. C'est M. Marmontel qui a répondu au discours de réception de M. de la Harpe. Voici le Jugement que l'Auteur célebre des Contes Moraux a porté sur M. Colardeau : *il auroit su*, dit-il, en parlant de ce Poëte aimable, *il auroit su que dans ses Essais Dramatiques nous avions reconnu le talent précieux de peindre & d'émouvoir ; & singuliérement ce tour d'expression noble, facile & naturel qui dans les belles scènes de Caliste nous rappelloit la sensibilité, l'élégance & la mélodie du style enchanteur de Racine.* Comment se peut-il que deux Membres de la même Compagnie ayent une maniere de penser si différente ? Comment se peut-il ? . . . mais il est tems que je me taise. Mes questions ne finiroient pas. J'ai l'honneur d'être très-parfaitement.

MESSIEURS,

Votre très-humble & très-obéissant serviteur le Chevalier DE ***

A Versailles le 13 Septembre 1779.

www.ingramcontent.com/pod-product-compliance
Ingram Content Group UK Ltd.
Pitfield, Milton Keynes, MK11 3LW, UK
UKHW031046260726
13965UKWH00006B/675